PABLO IGLESIAS POSSE

ariel quincenal

JUAN JOSÉ MORATO

PABLO IGLESIAS POSSE

Educador de muchedumbres

EDITORIAL ARIEL
BARCELONA - CARACAS - MÉXICO

Cubierta: Alberto Corazón

1.ª edición: 1931, Espasa Calpe, S. A.
2.ª edición en Horas de España: 1968
3.ª edición en Ariel Quincenal: marzo de 1977

Depósito legal: B. 6.941 - 1977
ISBN: 84 344 2415 0

Impreso en España

1977. — I. G. Seix Barral Hnos., S.A.
Av. J. Antonio, 134, Esplugues de Llobregat (Barcelona)

CAPÍTULO 1

LA INFANCIA DE PAULINO IGLESIAS Y SU APRENDIZAJE DE LA VIDA Y DE UN OFICIO

Por el año 1904, la junta directiva de la gloriosa Asociación del Arte de Imprimir pidió a sus afiliados que llenaran una especie de padrón: en el suyo, Pablo Iglesias escribió que había nacido en El Ferrol el día 18 de octubre de 1850 y aprendido el oficio de cajista de imprenta en el Hospicio de Madrid.

Llamábase su padre Pedro de la Iglesia Expósito, y su madre Juana Posse. Ganaba el padre su vida y la de los suyos trabajando como peón o cosa semejante para el ayuntamiento ferrolano; la madre era buena, fuerte, callada, dulce, laboriosa y conocedora de la difícil y aspérrima ciencia de encontrar un bienestar relativo en la escasez y aun en la penuria; la ciencia de hacer que la ropa dure mucho, que la limpieza lo ennoblezca y embellezca todo, que sepan bien las patatas solas y las sopas de ajo.

Pedro parece que era hombre de pocas letras, no obstante haberse educado en los Desamparados de Orense; la señora Juana no sabía leer ni escribir... La señora Juana, de hermosos ojos azules, los mismos de Pablo Iglesias, pero siempre serenos; la señora Juana, buena amiga y consejera de cierto aprendiz de cajista que algunas veces le llevaba lilas y rosas cogidas en la quinta de Goya...

Fue Paulino el primogénito —por ahora le llamaremos *Paulino*—, y cuando contaba seis años vino al mundo un hermanito, al que siempre llamaremos *Manuelín*, como le llamaron sus padres y su hermano.

Asistió nuestro héroe al colegio desde los seis años, enterándose de muchas cosas, a pesar de que el maestro exigía que las respuestas se diesen al pie de la letra, y cuando su hermanito comenzaba a acompañarle al "templo de Minerva", murió el jefe de la familia, dejando a la señora Juana con dos rapaces, más las deudas contraídas durante la enfermedad.

La pobre mujer quedaba sola. Su marido era hijo de padres desconocidos, y ella, nacida en Santiago de Compostela, no sabía de más parientes que un tío carnal acomodado en Madrid en buena casa, en la casa de un personaje de grande influencia.

¿Quién era éste? Pues el Excmo. Sr. D. Vicente Pío Osorio de Moscoso, conde de Altamira, duque de Atrisco y de Montemar, marqués de Almazán, de Astorga, de Ayamonte, de Castromonte, de Elche, de Leganés, de Montemayor, de Poza, de Velada, de Villamanrique, conde de Cabra, de Garcíez, de Monteagudo, de Nieva, de Palamós, de Saltes, de Santa Marta, de Valhermoso, cinco veces grande de España (una de ellas de primera clase), gran cruz de Carlos III, de la del Cristo de Portugal y de otras varias órdenes extranjeras, gran oficial de la Legión de Honor, gentilhombre de cámara con ejercicio, sumiller de Corps de S. M., senador del reino y presidente de la junta de gobierno del cuerpo colegiado de Caballeros Hijosdalgo de la Nobleza de Madrid. Ítem; por sus estudios, trabajos y aficiones era presidente de una Sociedad Arqueológica de Amberes.

Naturalmente, la señora Juana pensó en su tío, y algo

en aquel conde que vivía en un palacio y entraba en el de los reyes todos los días; y los amigos del difunto Pedro y los vecinos y las vecinas, pensaron también en el personaje todopoderoso; así que cuando la buena mujer —ya un poco inclinada a trasladarse a Madrid— pidió consejo, éste fue favorable al largo y azaroso viaje.

Dirigióse la viuda de Pedro de la Iglesia al concejo, pidiendo algún socorro, que le fue otorgado, aunque no con largueza; hizo almoneda del pobre ajuar, conservando no más que las ropas de vestir y algunas de cama, pagó todas las deudas y, ya muy andado el verano de 1860, se puso en camino.

No había entonces línea de ferrocarril desde Galicia a Madrid —por el norte ni aun la de Irún estaba completa—, así que los viajes se efectuaban en diligencias con relevos de postas, lo que costaba mucho dinero, y la gente muy pobre, ajustándose con arrieros, trajinantes y ordinarios para el transporte de la impedimenta, pagando según el peso y la distancia y entrando en el ajuste el derecho a subir alguna vez el viajero en el carromato o en la caballería.

La señora Juana ajustó lo más barato: acomodar en el carro a Manuelín con los livianos atadijos, y caminar a pie ella y su Paulino.

Eran más de cien leguas, teniendo que cruzar tres puertos: el de Piedrafita, en Galicia; el de Manzanal, en León, y el de Guadarrama, en la frontera de las dos Castillas.

Fueron tres semanas de camino, quebrado y ameno, en Galicia y León; duro, en los puertos; llano y monótono, en los pueblos de Zamora, Valladolid y Ávila.

Tres semanas de aire, de sol, de libertad, de cruzar entre prados, castañares, pomaredas, encinares, pinos, viñedos, tierras en rastrojo que nunca concluían; por caminos revueltos bordeando barrancos insondables, y a veces junto a huertos con higueras, manzanos y perales, que brindaban sus frutos dulcísimos.

Cada noche, en el anchuroso hogar del mesón o parador, la señora Juana aviaba la cena de la familia y tal vez la del arriero o cosario, una cena pobre y bien condimentada, acaso unas patatas con colas de bacalao, tan gustosas cuando las adereza el cariño y las espera el apetito abierto por la caminata. Después, en el suelo, sobre sacas de paja o sobre las ropas de uno de los atados, dormían abrazados la madre y sus pequeños.

Tempranito, al ser de día, la señora Juana preparaba las sopas de ajo —aprovechando los mendrugos que sobraron el día anterior—, y también la comida del mediodía, una tortilla de patatas metida en medio de un pan grande; y cuando ya estaba todo dispuesto, despertaba a los chicos, los hacía lavarse y peinarse bien, se comían las sopas en la sartén misma, y en marcha otra vez, "con la fresca", si era posible.

Al mediodía, alto en otro parador para comer y para echar un pienso al ganado, y si no se encontraba parador, se despachaba la pitanza a la sombra, junto algún manantial o regajo, mientras las caballerías engullían la ración de paja y cebada contenida en sacos.

Tan apetecible era aquella vida que a Paulino le pareció entonces que no había ninguna que pudiera compararse con la del carretero.

Detenernos donde nos lo pida el deseo, sin que nadie pueda impedirlo; tumbarse en lo alto del carro para descansar canturreando, o para dormir, seguro de que las mulas ni acortarán el paso igual y cansino ni se equivocarán, y, sobre todo, poderse regalar con los racimos de uvas, con las peras aguanosas, con las manzanas agridulces y con los higos melares cogidos en el camino, ¿dónde hallar mayor felicidad?...

Una tarde enfiló la expedición la calle de Segovia, y se detuvo en la posada del Maragato, donde concurrían todos los cosarios, arrieros y trajinantes de Galicia. ¡Se había acabado la buena vida para los rapaces! ¡La señora Juana sentía latir violento su corazón! ¿Encontraría al tío? ¿Qué les diría? ¿Qué haría?

Descanso; acaso ajuste de una habitación —la más barata de la posada—; aseo personal y de ropas, y a buscar al tío.

Para un vecino de Madrid no era empresa ni larga ni difícil trasladarse desde la Cava o desde la calle de Segovia a la de San Bernardo, esquina a la Flor Alta, donde estaba el palacio del conde de Altamira, de todos conocido; sí lo era para la atribulada familia.

Preguntando muchas veces; teniendo Paulino que leer los rótulos de las calles, llegaron ante el magnífico palacio que Ventura Rodríguez comenzó a levantar el año 1784 y dejó sin concluir. Una puerta monumental, que daba a un zaguán, en el que cabían bien ocho o diez coches; una escalera amplísima de piedra, que se partía en dos tramos, y en el arranque de éstos colosal estatua de un guerrero griego, de cuerpo tan desnudo que ni aun tenía púdica hoja de parra, calzado de lindos borceguíes labrados, cubierto de bello casco de larga cimera, y en una mano, corta espada de dos filos y ancha hoja, y en el brazo izquierdo un escudo lleno de figuras...

¿Sería allí? Sí, era; allí vivía el excelentísimo señor conde de Altamira. Pero el majestuoso portero, lleno de galones, a quien, atónita, cohibida, preguntó la señora Juana "era nuevo y no sabía nada del tío".

Salió por una puerta lateral y volvió a los pocos minutos, viéndose en su cara un gesto de compasión.

—Señora —dijo conmovido—, su tío ha muerto.

¿Qué ocurrió después?

Juan A. Meliá,[1] que fue como hijo de Iglesias, que vivió junto a él más de treinta años, traza el cuadro tremendo de una mujer de negra vestimenta, angustiada, temblorosa, con dos pequeños apretujados a ella que miran con recelo, medrosos hasta no atreverse ni aun a llorar, que tiende la mano a los transeúntes en demanda de una limosna...

La señora Juana llegó a Madrid casi agotados todos los recursos, y el desamparo y la desesperanza debieron ser para ella extremados, así que el cuadro de Meliá es verdadero.

Pero en medio de tanta desolación se entrevé algún auxilio del excelentísimo señor conde de Altamira. Ello es que los dos hermanitos entraron pronto en el Hospicio, y tal rapidez no se explica bien sin la intervención de una influencia o de "un empeño fuerte", según el dicho vulgar. Unas líneas del prócer dirigidas a Ángel Echalecu, diputado visitador del Asilo, o al presidente de la Diputación Provincial, o al gobernador civil, marqués de la Vega de Armijo, eran tanto como una orden.

Ello es —repetimos— que los pequeños entraron en el Hospicio de San Fernando, y que la señora Juana alquiló un cuartito mezquino y oscuro, de un par de piezas, en la travesía de Cabestreros, por el que pagaría de seis a siete pesetas cada mes; que fue encontrando ropas para lavar y alguna que otra casa donde asistir, y que pudo bandeárselas con mucho trabajo y soportando agobios increíbles, que entonces padecía sola.

El desgarramiento de aquella familia, tan unida por el

cariño, fue dolorosísimo. No días, ni semanas, meses enteros vivió Paulino sin noción clara de la realidad. Inconscientemente hacía lo que le mandaban o lo que veía hacer, no comiendo apenas, por lo que cayó en un estado de debilidad tal que cuando entraba en la capilla —y entonces "sentía" la religión— el calor y el olor de la cera le producían mareos angustiosos. Dos veces estuvo en la enfermería del Asilo, y una, por equivocación, en el Hospital, donde, también equivocando la dolencia, le aplicaron sanguijuelas, sobre la boca del estómago. Del Hospicio salió con la enfermedad gástrica que le duró toda la vida.

Ni Manuelín ni Paulino, que en aquellos días lloraban juntos la separación de la madre entrañable, estaban hechos al regalo de las buenas y abundantes comidas —¡bien lo decían su color y su delgadez!—, mas sí a los alimentos limpiamente presentados con la sazón debida, y si en el Hospicio los componentes de las comidas diferían poco o nada de aquellas a que estaban habituados, les faltaba el "no sé qué" del hervor lento y vigilado, el tino en la adición de las especias, el cariño, que hace milagros. Además, la alimentación era poco variada.

Una libra de pan fabricado por contrata; garbanzos, judías, arroz, lentejas, patatas; seis adarmes de tocino y siete de carne por plaza, y aceite, vinagre más media libra de pimentón, cuatro cabezas de ajos, dos cebollas y tres cuarterones de sal al día por cada cincuenta plazas.

Y alguna vez bacalao y hortalizas; potajes y bacalao por Semana Santa y en la Cuaresma, y algo extraordinario en Navidad y en el día del santo patrono, de San Fernando, cuando se permitía la entrada en el Asilo al público, se mostraban las labores de los acogidos y hasta se enseñaba la cocina.

Sin embargo, una vez al año asaltaban el Hospicio la

abundancia, casi el hartazgo, de manjares apetitosos. En los diarios madrileños de aquellos tiempos —y de tiempos posteriores—, el día 31 de diciembre podía leerse esta noticia: "La Hermandad del Santo Niño de Dios del Remedio saldrá en procesión mañana, a las diez, de la parroquia de San Luis, dirigiéndose por la calle de Fuencarral al Hospicio para dar la comida a los niños acogidos en aquel establecimiento".

Era una bella procesión. Describámosla:

La guardia va la primera
despejando la carrera.

Seguidamente el estandarte de la Hermandad y los cofrades con escapularios, medallas y cetros. Venían luego las angarillas en que iban cazuelas formidables con corderos asados; más angarillas con las ollas monstruosas del condumio caldudo; más aún con las fuentes vidriadas, también colosales, del pescado; todavía más con las bandejas de arroz con leche, y otras con las disformes jarras talaveranas del vino.

Y a continuación cestos con tostados y fragantes panecillos largos, y otros cestos con castañas, nueces, piñones y naranjas...

Y todo limpio, alegre, cubierto de lienzos blanquísimos adornados de puntillas, brillando al sol las doradas tapas de las jarras de vino.

Aparecía luego la linda imagen del Santo Niño de Dios del Remedio, sobre unas andas primorosas, alumbrada con velas, de que eran portadores asilados vestidos con trajes nuevecitos, adornados de bandas y lazos de seda blanca.

Después, la presidencia. El mayordomo o mayordomos, los diputados provinciales, el gobernador, los altos jefes del Hospicio, los sacerdotes y los invitados.

Y una banda de música y un piquete de tropa de la guarnición.

Dos años, poco más, estuvo Paulino en el Hospicio, y en los dos las Hermanas de la Caridad, encargadas de la cocina, de la enfermería y de cuidar la ropa le eligieron para marchar al lado de la imagen. Era alto, delgado y endeble, pero bien formado, de facciones nobles, agraciadas y dulces. ¡El dolor, la amargura, la pasión, la ira, no habían plegado su entrecejo, ni alterado la serenidad de sus ojos azules, ni contraído en un gesto amenazador su boca de dientes blanquísimos! Esta distinción de las hermanas le valía a Paulino el regalo de una peseta.

Pero en todo, y siempre, ¡cuánta diferencia entre el Asilo y el paupérrimo hogar! Las hermanas, los maestros, los celadores, en general, no eran ni buenos ni malos, quizá más lo primero que lo segundo; trataban a todos lo mismo, acaso con un poco de conmiseración para los niños más atribulados. Entre los compañeros de desgracia había de todo. Paulino tenía en su hermanito un cariño, pero también un cuidado, y vivía retraído, reuniéndose sólo con los retraídos y tímidos como él.

Pasó el tiempo, y en diciembre de 1861 nuestro héroe terminó con aprovechamiento los estudios de primeras letras, demostrándolo en los exámenes solemnes de fin de año, a los que asistieron, a más del tribunal, los jefes y profesores de la casa, el visitador provincial y el gobernador civil.

Ya estaba en condiciones de acometer el aprendizaje de un oficio. Dentro del Asilo podía elegir entre los de carpintero, cerrajero, sastre, zapatero o impresor. Paulino escogió este último.

Despejado, muy reflexivo, observador y capaz de

gran potencia de atención, aprendió pronto la caja, que encierra letras, signos y guarismos, y después el mecanismo de la composición y distribución de los moldes, y como era laborioso en extremo, en poco tiempo realizó grandes progresos, que hubieran sido mucho mayores de haber tenido un maestro bueno y capaz de estimular, ayudar y orientar al aplicado.

El maestro, o sea, el regente de la imprenta, era operario concienzudo y de extraordinaria pericia, pero duro de entrañas y malhumorado. Jamás salía de su boca palabra de aliento, de elogio o simplemente de aprobación, mas sí, y casi siempre, la regañuza bronca y excesiva.

Aquella imprenta trabajaba entonces para particulares, y no tanto por ser Paulino el aprendiz más moderno cuanto porque "no se entretenía mucho", a él le era encomendada la tarea de llevar pruebas a la Diputación, al Ministerio de Fomento o a las casas de los autores. Entre los trabajos que en la imprenta se estampaban contábase un *Boletín Oficial del Ministerio de Fomento*, que aparecía trimestralmente, y una *Revista Científica*, del mismo ministerio, de publicación semanal, de la que era redactor-jefe un alto funcionario, hombre excelente, llamado Augusto Burgos. Este señor tomó cariño a aquel muchacho espigado y enfermizo, bien educado, formal, de grande inteligencia, y averiguando el domicilio de la madre, la visitó para pedir que le dejara adoptar a Paulino. Cuando éste la vio el domingo inmediato, supo lo ocurrido y también que ella accedía gustosa porque estaría bien y aprendería una carrera. Paulino agradeció el generoso ofrecimiento, pero manifestó que él jamás dejaría a su madre.

Tenía Paulino grande amor a la lectura —como que por ello había escogido el oficio de cajista de imprenta— y había algunos otros asilados que participaban de este noble gusto, y todos ellos formaron un grupo para prestarse mutuamente los libros y papeles que cada cual poseyera, y para emplear las propinas en adquirir nuevos elementos de lectura.

Y he aquí que los libros de que disponían eran ni más ni menos que las historias de cordel, descendientes de los viejos romances, también de cordel, del siglo XVI, de los pliegos "en rama" de los mismos albores de la imprenta.

Vendíanse estas historias —aún se venden hoy así— a razón de cuatro maravedís el pliego en 4.º —el precio de las viejas tasas—, y había historias y romances desde dos cuartos a diez, según el número de pliegos. Dos cuartos costaba, por ejemplo, la triste historia del *Conde de Alarcos*; cuatro la del *Marqués de Mantua*, o bien la de *Francisco Esteban, el Guapo*; seis *La redoma encantada*, o *Los siete infantes de Lara*; ocho *Orlando furioso*, o *Carlomagno y los doce pares de Francia*, y diez la de *Oliveros de Castilla* y *Artús de Algarve*. (Con el tiempo se publicaría, también en cinco pliegos, la historia del *Excmo. Sr. General D. Arsenio Martínez Campos*.)

(¡Oh candorosas historias de cordel, no más absurdas ni antiliterarias que muchas de las que hoy andan en las mismas manos que antaño os compraban; en vosotras aprendió a leer mucha gente y por vosotras sintió apetencia de lecturas mejores!)

Es la calle de Toledo emporio mercantil; más lo era en los días de Paulino, porque había en ella hasta tres o cuatro puestos con historias. Estos puestos consistían en un bastidor de madera con cordeles, donde cabalgaban los papeles y también coplas, romances, sainetes, oraciones, libros de cocina y "para escribir cartas amorosas", pliegos de aleluyas y hasta un método para tocar la guitarra por cifra, más regular copia de jotas, seguidillas y toda clase de piezas musicales transcritas en guarismos. Los dueños de estos puestos no vivían sólo del negocio de la literatura: casi siempre tenían además un cajón o cesto con baratijas, tales como espejitos de bolsillo, peines, alfileteros, leznas, pajuelas de azufre, plumas de ave para escribir, dedales, navajitas, correas para zapatos, pedernales, eslabones, medias y hasta unos magníficos relojes de sol con plomada y brújula, que costaban dos reales y medio. Pues en uno de estos "comercios", cercano a la plaza de la Cebada, compraba Paulino historias cuando recogía alguna propina...

Veía Paulino a su madre todos los domingos, y lo mismo Manuelín, y alguna vez, al ir a llevar o recoger pruebas, hacía una escapatoria, y era costumbre del Asilo dejar que los acogidos pasaran la Pascua de Navidad en las casas de sus familiares.

Y llegó la del año 1862, y Paulino solicitó del regente la concesión del oportuno permiso, que le fue negado con un no rotundo y áspero. Quizá la razón de la negativa era la publicación semanal de la *Revista*, pero aquel no duro hizo que Paulino se rebelara.

La tarde misma del día 24 de diciembre salió del Hospicio y fue al cuchitril en que vivía su madre, donde ya estaba Manuelín. Pasó contenta la familia la Nochebuena y también el día de Navidad, y al siguiente se presentó Paulino en el trabajo a la hora debida.

Consideró el regente que era poco reprenderle con la dureza de costumbre, así que amenazó al pequeño con la guardia civil, le injurió y le golpeó...

Y entonces se consumó la primera rebelión. Trabajó Paulino como todos los días; concluida la jornada, recogió en el dormitorio las historias y los objetos de su propiedad, espió al regente, y cuando le vio salir y hubo transcurrido un rato, escapó a la calle y no paró hasta dar en casa de la buena madre, donde aún estaba el pobre Manuelín, que, concluida la Pascua, volvió de nuevo al Hospicio, estando en él un año más.

Salía Paulino con propósito de trabajar para ayudar a su madre, y, venciendo su natural timidez, anduvo buscando imprentas y entrando en ellas por si necesitaban un aprendiz.

En casi todas le contestaban con un no que le llenaba de desconsuelo, y en otras, muy pocas —quizá por lástima—, apuntaban las señas en la pared "para avisar" oportunamente. Cuando esto ocurría se disipaba la tristeza del pobre muchacho, que llegaba alegre a su casa.

El segundo o tercer día de calvario, soportando el frío sin otro abrigo que la chaqueta, encontró ocupación en cierta imprenta de la calle de la Manzana —no lejos del palacio del conde de Altamira—, donde desde principio del mes de enero (año 1863) se iba a componer y estampar un periódico no político llamado *Diario Universal*. Quedó Paulino admitido para distribuir los moldes; empezó a trabajar un lunes y el sábado fue pagado a razón de dos reales por día.

Poco dinero eran 12 reales, poco para su deseo, poco para su ilusión y poco para lo que merecía su trabajo; pero aun así corrió a la travesía de Cabestreros loco de contento para tener la dicha inefable de entregar a su madre el primer jornal.

Era entonces la vida mucho más barata que estos días nuestros. Costaba el buen pan 40 céntimos de peseta el kilogramo, 1,10 el de carne, 1,90 el de tocino, 0,90 los garbanzos mejores, 0,80 las judías y el arroz, 0,65 las lentejas y 0,15 las patatas.

Por aquellos días, y hasta muchos años después, el jornal de un albañil se cifraba en 14 reales, en ocho el de peón y en siete y en seis el del bracero.

Ganaba la señora Juana, cuando asistía, una peseta y la comida; mas no tenía casas en que asistir todos los días; lavaba ropa, pero ni todas las semanas había las mismas piezas que lavar, ni el cobro de las lavadas y entregadas era siempre seguro. Añádase que para lavar era preciso bajar al Manzanares, alquilar banca, pagar el "recuelo" y gastar algo más que de ordinario en la comida.

Pero cuidando mucho la ropa, no encendiendo brasero y gastando poco en luz, podría vivir la familia. Además, algunas de las casas donde asistía la señora Juana —estimada siempre por laboriosa, limpia y callada—, conociendo su situación, le permitían llevarse a casa la ración de comida o de cena que le correspondía para que la compartiese con su Paulino.

Podían vivir; por otra parte, el aprendiz iba enterándose de las costumbres del oficio y se prometía encontrar trabajo mejor pagado...

Eran los tiempos de la Unión Liberal. En toda España florecían los negocios limpios y los no limpios, y Madrid crecía y se transformaba. La línea férrea del norte lograba, por fin, atravesar la sierra de Guadarrama; llegaba el ferrocarril de Almansa a Valencia; las reales personas casi no daban abasto a inauguraciones y visitas a ciudades y pueblos, donde eran recibidas, según un cronista de la *Gaceta*, "con júbilo inexplicable". En Madrid se construía la línea férrea de circunvalación; se comenzaba a edificar en Recoletos, en los altos de Santa Bárbara, junto a la Plaza de Toros de la Puerta de Alcalá, en los barrios ya llamados de Chamberí, de Salamanca y de Argüelles; se trazaba el paseo de la Castellana; se desmontaba en los altos de San Bernardino para construir una cárcel; el gas y el agua iban llegando a todos los barrios; corría la fuente de la Puerta del Sol, y se regaban mañana y tarde algunas calles del cuartel alto de Madrid abriendo ciertos conductos que había en el enlosado y llenando en ellos las dos grandes regaderas de que iba provisto el operario municipal encargado de este higiénico cometido.

Toda esta actividad determinó la fundación de periódicos políticos y no políticos, de los que algunos tuvieron vida relativamente larga y efímera otros; el *Diario Universal*, donde trabajaba Paulino, fue de los segundos. Vino a morir por los días en que el marqués de Miraflores reemplazaba a O'Donnell en la presidencia del Consejo de Ministros, o sea, en marzo del 63. Por la muerte del periódico quedaron sin trabajo unos cuantos oficiales y no tardó mucho en seguirles el aprendiz Paulino.

Éste sabía ya manejarse y pronto encontró ocupación, ahora con una peseta de jornal, en un imprentucho de la calle del Limón, donde le obligaban a realizar faenas tales como sacar agua de un pozo para regar un jardincillo, y desde luego nada compatibles con su vigor físico de muchacho larguirucho y mal alimentado.

Otro cambio de imprenta, también con mayor jornal, cinco reales, por componer líneas y más líneas del *Diccionario administrativo* de Alcubilla y de *El Consultor de Ayuntamientos*. Y a poco, nueva mudanza, ahora con siete reales, para trabajar en un tratado de química y en otro de matemáticas del viejo Cortázar, adiestrándose entonces en la difícil composición de las fórmulas, que en el lenguaje tipográfico son siempre *cálculos*.

Al llegar aquí Paulino dominaba por completo el oficio, puesto que conocía y hasta había practicado cuantas operaciones son necesarias para convertir un montón de cuartillas en las páginas de un libro. Ganaba dos pesetas en la imprenta donde se componían *La Iberia* y otro diario, cuando un óptimo oficial le aconsejó que buscara ocupación a destajo.

Lo hizo así, pero con tan mala suerte que cuando iba a trabajar estalló el movimiento revolucionario de 22 de julio de 1866, y O'Donnell suspendió la publicación de *El Pueblo*, *La Democracia*, *La Discusión*, *Las Novedades*, *La Iberia*, *La Soberanía Nacional*, *La Nación* y algunos semanarios, cerrando y sellando las correspondientes imprentas y haciendo lo mismo con todas aquellas que eran propiedad de hombres notoriamente afectos al progresismo o a la democracia.

El dueño que iba a dar ocupación a Paulino, valiéndose de la espantosa crisis de trabajo tipográfico que produjeron las bárbaras medidas del gobierno, y también considerando que el muchacho sólo contaba quince años, quiso pagarle el centenar de líneas con un real menos que a los oficiales. Iglesias se negó a trabajar en aquellas condiciones. "Pero si eres un chico", le dijo el dueño. "Por la edad, sí; por mi trabajo y por mis obligaciones soy un hombre; tengo que sostener a mi madre y a un hermano", replicó Paulino. "Bueno, no te doy más; así que tú verás si te conviene estar parado o cobrar a los precios que te pongo." Cedió, y estuvo en aquella casa hasta el año 1868.

El gobierno de Narváez suprimió la Imprenta Nacional, y la *Gaceta* fue a parar a la casa donde trabajaba Iglesias. Entonces el dueño dividió a los "paqueteros" o destajistas en tres categorías, estableciendo tres precios para el mismo trabajo. Un día intentó rebajar el precio de la primera categoría, a lo que no se avinieron los interesados, protestando también Paulino, aunque nada iba con él, resultando que él y otro se quedaron en la calle. Fue ésta su segunda nobilísima rebelión.

Pasó entonces una de las épocas más tremendas de su vida, padeció hambre y frío, y hasta tuvo la tristeza de que su hermano Manuelín, que ya iba ganando algún jornal en el oficio zapatero, muriese de tuberculosis.

Había entonces una imprenta muy pintoresca, a la que no le faltaba trabajo, por lo barato de los precios, y donde se retribuía muy mal a los operarios. Paulino pidió ocupación en ella, y como iba mal vestido, le ofrecieron seis reales, que no tuvo más remedio que aceptar. Era aquella imprenta la de la *Tía Medaron*, que así llamaban a la digna esposa del dueño, encargada de vigilar a los operarios desde una plataforma y de entregarles el original. Un día, al hacerle notar un cajista que faltaban cuartillas, respondió: "No me *daron* más", y de aquí el remoquete. También el digno dueño del establecimiento era pintoresco: andaba siempre tan distraído y absorto por el trabajo y tan lleno de preocupaciones crematísticas que dicen que se rascaba la cabeza con el sombrero puesto...

Vencedora la revolución, a fines de 1868 y principios de 1869 aumentó enormemente el número de periódicos y en general la labor de las imprentas, y desde entonces, aunque con algún que otro tropiezo, y con "paradas" más o menos largas, Paulino ganó los jornales debidos a su laboriosidad y a la óptima calidad de su trabajo, porque, siendo instruido, y poniendo mucha atención en lo que componía, sus paquetes salían sin erratas.

Paulino amaba la lectura; Paulino descubrió en el teatro un raudal inagotable de belleza; Paulino era sinceramente religioso.

Compraba libros usados cuando podía en los puestos del convento de Santo Tomás; leía los que le prestaban y aún adquiría algunos por entregas.

Leía las novelas de Ayguals de Izco, de Fernández y

González, de Pérez Escrich; los libros de la Biblioteca del Siglo, o la de Mellado, o la de Gaspar y Roig; los óptimos folletines encuadernados de *Las Novedades*, y, en suma, todo cuanto caía en sus manos; pero, poco a poco, iba eliminando lecturas, quedándose con lo mejor y aspirando a otras superiores. Además, procuraba ensanchar sus conocimientos; así, por ejemplo, cuando componía para la *Gramática latina* de Raimundo de Miguel, copiaba en un cuadernito las tablas de declinaciones y conjugaciones.

El teatro le atraía de un modo irresistible, sobre todo el romántico y de verso, y de tal modo lo sentía, que encarnaba los personajes en los actores, por donde éstos tenían que ser en la vida como él los veía en la escena. Por entonces sintió alguna vez la vocación de actor dramático. Tanta era su afición que no pocos domingos asistía a la función de tarde y a la de noche, tomando café con media tostada entre una y otra.[2]

Este amor al teatro —y quizá también las lecturas en el Hospicio de viejos romances insertos en las historias de cordel— influyó en sus gustos literarios; para él no había en España poeta que igualara a Quintana. ¡Oh aquella oda *A la invención de la imprenta*!...

¿No os da rubor? El don de la alabanza,
la hermosa luz de la brillante gloria,
¿serán, tal vez, del hombre a quien daría
eterno oprobio y maldición la historia?

Paulino ya comenzaba a ganar jornales regulares, y entonces eligió bien los libros: uno de los primeros fue el tomo de la Biblioteca de Autores Españoles en que están todas las obras de Cervantes, salvo las teatrales, y libros de historia, de geografía, alguna novela de Verne. Por entonces comenzó a escribir una lista de los libros que quería poseer, lista que continuó aumentando cada año...

A la revolución de septiembre siguió en Madrid un hermoso prurito de enseñar y de aprender.

Los Amigos de la Revolución y Los Amigos del Pueblo crearon en los distritos cátedras de Derecho Político, y cátedras parecidas se establecieron en el Ateneo, en la Económica de Amigos del País, en los Institutos de San Isidro y del Noviciado, en El Fomento de las Artes, etc. En el Colegio Internacional, Francisco Giner de los Ríos explicó Política en general; en el Colegio de San Carlos, Miguel Echegaray explicaba Derecho Político, y Raimundo Fernández de Villaverde, Teoría de las Contribuciones.

Además, Ruiz Zorrilla estableció en el Ministerio de Fomento clases de Física, Química, Mecánica y Economía Política, asignando premios de 1.000 y de 500 reales a los estudiosos; y dos profesores de la Universidad Central —Valeriano Fernández y Ferrán y Juan de Dios de la Rada y Delgado— el 25 de enero por la noche comenzaron a explicar, en lección alterna, una clase práctica de enseñanza de los alfabetos y ortografía del griego, hebreo y árabe, y otra teórica de historia del libro.

A estas clases y a algunas de las demás enseñanzas acudió Paulino. Entre sus apuntes encontró Meliá los alfabetos griego y árabe, así como otros relativos a Geometría y Aritmética superior.

Después, ya creadas las escuelas o conservatorios de artes y oficios, asistió a más clases, ganando un premio de 1.000 reales en la de idioma francés. También cursó Economía Política, aunque sin matricularse.

Era Paulino cumplidor sincero de los deberes religiosos. Asistía a misa, confesaba y comulgaba una vez al año y rezaba al acostarse y al levantarse, y ello porque lo sentía... Mas —¡ay!— el padecer sin tregua ni esperanza de los suyos y de él; la angustia enseñoreada siempre de un hogar todo cariño, bondad, honradez y amor al prójimo, borraron totalmente la fe en el alma del mozo...

En su vida de relación era Paulino óptimo compañero y amigo, dispuesto siempre a la protesta contra la injusticia y el atropello, y también a ayudar a los demás. Pero no pasaba de ahí, salvo pedir libros prestados y prestarlos él. No le gustaban las bebidas alcohólicas, aunque bebiese vino —cuando podía— en las comidas; el ir al café era vicio caro, así que no "alternaba", ni tampoco se incomodaba cuando los colegas, viendo en este retraimiento tacañería, le llamaban "gallego". Soportaba la broma y no cedía. Necesitaba su tiempo para instruirse y su dinero para ir al teatro y comprar libros. El único vicio que se le conoció fue el de fumar, que dejó por orden del médico cuando contaba treinta años. No "alternaba", no iba a la taberna, pero todos le estimaban por bueno y también por desinteresado en el trabajo.

Paulino Iglesias presenció emocionado el levantamiento del 66, en que pelearon cajistas conocidos suyos, muriendo uno heroicamente; se horrorizó con los atroces fusilamientos de julio del mismo año; asistió con alegría a la revolución del 68, aunque sin la ilusión y la embriaguez de aquellos días magníficos de octubre; pero nada más. Progresismo, democracia, república federal... ¿Qué era eso?

NOTA

1. *Pablo Iglesias. Rasgos de su vida íntima.*
2. E. González Fiol (El Bachiller Corchuelo), *Domadores del éxito.*

CAPÍTULO 2

PAULINO IGLESIAS EN LA ASOCIACIÓN INTERNACIONAL DE LOS TRABAJADORES

No ya la Europa oprimida de 1868, el mundo entero presenció con júbilo indescriptible nuestra revolución de 29 de septiembre. Dominaba en todas partes la reacción, y la llamarada esplendorosa de libertad, como en 1820, surgía donde menos se la esperaba.

La Junta Revolucionaria Central recibió mensajes de felicitación y simpatía de todos los países, y también les fueron dirigidos a las clases obreras, invitándolas a entrar en la Asociación Internacional de los Trabajadores. Envió uno el Consejo General del organismo, residente en Londres, y otro las Secciones de Ginebra. En el Consejo General estaba Carlos Marx —verdadero creador, aunque no iniciador, de la Internacional—, y en las secciones de Ginebra estaba Bakunin —verdadero creador, aunque no iniciador, del anarquismo—.

Los considerandos que precedían a los estatutos de la Internacional, redactados por Marx, no eran sino el desarrollo del principio de la lucha de clases.

El trabajador está supeditado en lo económico a la clase que detenta los medios de trabajo, fuente de la vida, y de esta sujeción se derivan la miseria social, el envilecimiento intelectual y la dependencia política.

Para emanciparse de esta sujeción el obrero debe unirse como clase en todos los países, mas no para crear nuevas clases o nuevos privilegios, sino para abolir todas las clases y destruir todos los privilegios.

Y esta emancipación económica es el objetivo supremo a que debe subordinarse todo movimiento político como medio.

Por su parte, Bakunin, con amigos suyos, por aquellos días de la revolución del 68, había fundado en Suiza una Alianza de la Democracia Socialista, cuya aspiración era en síntesis: "En religión, el ateísmo; en política, la anarquía, y en economía, el colectivismo".

A los mensajes —casi ineficaces por no encontrar quien los recibiera— siguió la venida a España de un gran amigo de Bakunin, el diputado italiano Giuseppe Fanelli, que —en Madrid primero y en Barcelona después— pudo reunir grupos de amigos e interesarlos en la organización de secciones de la Internacional y también de núcleos secretos de la Alianza.

Ocurrió esto en los últimos días de noviembre y primeros de diciembre de 1868, creándose en Madrid un núcleo provisional; pero hasta 24 de diciembre de 1869 no apareció el primer manifiesto, que firmaba un comité compuesto de veintiún obreros. Era este manifiesto largo y palabrero; no obstante, había en él conceptos claros y categóricos que hicieron pensar a Paulino, bien preparado para recibirlos por su áspera vida.

> Como trabajadores os llamamos, no como políticos ni religiosos: Sedlo, sin embargo, mientras os parezca bueno. Nosotros, por nuestra parte, fundados en muy desapasionadas observaciones, ni esperamos en la política ni tenemos confianza en la religión.
>
> Sólo esperamos, sólo confiamos en nosotros todos.

Sólo podemos lógicamente esperar nuestra segura emancipación de la *asociación de todos los trabajadores del mundo* con un fin común [...]

Ya no se trata de fusiles y cañones, de revoluciones y barricadas; se trata de unirnos todos los obreros de España con los del resto del mundo para realizar la justicia que encierra el lema sagrado de nuestra potente y gigante asociación: No MÁS DERECHOS SIN DEBERES; NO MÁS DEBERES SIN DERECHOS [...]

Lo que resulta imposible para cada uno no es ni siquiera difícil para todos juntos. Unidos todos los de un mismo oficio o profesión de un pueblo con los del mismo oficio o profesión de España y del extranjero [...] tendremos las inmensas ventajas que nos reportará la *Caja de resistencia*, la cual debe llamar muy poderosamente nuestra atención, por ser a su rápida organización a la que deberemos la mayor parte de las ventajas que hemos de conseguir. Con su ayuda, y cuando un oficio o profesión se encuentre, con arreglo a justicia, con derecho a rechazar una de tantas imposiciones de que estamos siendo víctimas por parte del capital, monopolizado por una clase explotadora, tales como una reducción del jornal, un aumento de las horas del trabajo y otras tan injustas y vejatorias como hoy tenemos a cada paso que aguantar, mal que nos pese, podremos entonces decirles a los soberbios poseedores del dinero, que no aceptamos sus injustas imposiciones porque ya no somos cosas, porque hemos conquistado nuestra personalidad. Cuando se presente uno de estos casos los veréis sonreír desdeñosamente, y hasta quizá les oigáis exclamar con despreciativa compasión, refiriéndose a nosotros: "¡Pobres gentes, no comprenden que lo que sobra son trabajadores a quien explotar! Por lástima, aguardaremos seis u ocho días, que será lo que tarden en comerse los fondos de su *Caja de resistencia*, y después tendremos el doble gozo en verlos llegar más humillados que nunca!". Pero cuando vean que todos los obreros del

> mundo se apresuran, en cumplimiento del pacto de solidaridad, a facilitarnos todo lo necesario para salir triunfantes en nuestra justa demanda; cuando vean que todos los trabajadores del mundo hacen suya nuestra causa, como nosotros hacemos nuestra la suya [...] cuán grande no ha de ser su asombro [...]

Al pie del largo manifiesto —que fue muy comentado por la prensa— se anunciaba la publicación de un semanario titulado *La Solidaridad*, que sería órgano de la Internacional. Costaría cuatro reales cada tres meses y aparecería así que tuviese 500 suscriptores.

Los tuvo, porque el 15 de enero de 1870 apareció el primer número. Además, como el núcleo creció bastante, se pudo alquilar un local con salón amplio, y se organizaron conferencias, que se efectuaron los domingos de tres a seis de la tarde y los jueves de ocho y media a diez de la noche.

Asistió a ellas Paulino, que tenía amigos del oficio afiliados en la Internacional. Se efectuó la primera el domingo 20 de febrero, y el domingo 13 de marzo entraba Iglesias en la asociación, firmando su libreta un viejo prensista, hombre de acción del partido democrático, y a la sazón federal, y un cajista de más años que Iglesias y gran amigo de éste.

No había entrado el mozo en la Sección de Tipógrafos para limitarse a leer el semanario y pagar las cuotas; había entrado con toda su alma, dispuesto a trabajar en lo que fuese, y también ansioso de reducir a nociones claras y concretas todas aquellas generalizaciones y vaguedades.

La Solidaridad se publicaba, pero su situación no tenía nada de próspera, ya que tipógrafos abnegados de la Internacional habían de componer gratis el molde. Iglesias fue uno más, y también de los que no faltaban y más hacían. Por esta abnegación y por su intervención atinada en las discusiones, el 26 de junio del mismo año 1870 los tipógrafos le nombraron delegado de la sección en el Consejo Local, y en agosto siguiente fue elegido miembro del Consejo de la Federación Local.

En junio los grupos dispersos en España celebraron un congreso en Barcelona, donde se creó una Federación de la Región Española adherida a la Internacional, nombrándose para dirigirla un Consejo Federal residente en Madrid, compuesto de cinco individuos: un sastre, Enrique Borrel; un carpintero, Ángel Mora; un tipógrafo, Anselmo Lorenzo; un grabador, Tomás G. Morago, y un zapatero, Francisco Bellora; todos ellos firmantes del manifiesto de 24 de diciembre de 1869 y amigos de Fanelli.

Además, en aquel congreso, influido por la Alianza, por amigos personales de Bakunin y por secciones de Suiza, se había tomado un acuerdo respecto de la acción política que estaba en pugna con los Estatutos de la Internacional: "El congreso recomienda a las secciones de la Asociación Internacional de los Trabajadores renuncien a toda acción corporativa que tenga por objeto realizar la transformación social por medio de reformas políticas". (Esta diferencia de criterio pronto habría de ser causa de discordia.)

Por el mes de agosto del mismo año 70, Iglesias escribió su primer trabajo, inspirado por la trágica visión de la guerra francoprusiana, y apareció en las columnas de *La Solidaridad.*

Lleva el título de "La guerra", y es declamatorio. He aquí algunos párrafos de él:

> ¿Qué es la guerra? Un crimen.
>
> Si nosotros fuéramos deístas; si nosotros creyéramos

en alguno de tantos dioses como todas las religiones cobijan en su seno; si nosotros creyéramos, volvemos a repetir, en alguno de esos ídolos, diríamos que la guerra era un terrible castigo que éstos imponían a los pueblos por sus culpas.

Mas, no siendo así, no creyendo nosotros en esas falsas divinidades, hijas de cerebros calenturientos, creación de extraviadas imaginaciones, y siendo, como somos, racionalístas, conocemos que la guerra es hija, y lo ha sido siempre, de media docena de tiranos, de media docena de asesinos —sí, ese es su nombre—, de media docena de seres raquíticos y pobres, abortos de la naturaleza, que, ora por su orgullo, ora por mero capricho, ora por una ambición desmedida, no tiemblan, ni siquiera vacilan, al enviar a sus semejantes, a sus hermanos, para que sirvan de *carne de cañón* [...]

Y todo ¿para qué?

Para que uno de estos tiranos, el vencedor, o sea, el que, valiéndose de toda clase de medios, buenos o malos, pues para ellos son excelentes, haya destruido más pueblos y ciudades y haya causado más desastres, agrande lo que él llama su territorio con unas cuantas leguas más y su población con algunos miles de seres para que cuando llegue otro caso igual pueda aumentar el número de los que han de sacrificarse...

Ésta es la guerra, impuro borrón que ha pesado cual si fuera losa de plomo sobre las generaciones pasadas y pesa todavía sobre la actual...

¿Qué es la guerra?, volvemos a repetir. Un crimen de lesa humanidad.

Sí, un crimen que todos, absolutamente todos, y especialmente nosotros los obreros, pues somos sus principales víctimas, debemos combatir, condenar y apostrofar, trabajando todo lo que nos sea posible para que no se lleve a cabo.—*P. I.*

(La firma, con iniciales solamente, tiene una explicación que importa conocer: Para combatir cuanto pudiera significar vanidad, engreimiento, idolatría, santonismo, el congreso de la Internacional celebrado en Basilea el año 1869 acordó recomendar a las secciones que suprimieran el cargo de presidente. Y por este criterio de renunciamiento, *La Solidaridad* publicaba sin firma los trabajos de redacción y sólo con iniciales los de colaboración. Y cuando daba noticias de discursos pronunciados por compañeros, lo hacía siempre con iniciales y eliminando meticulosamente cuanto pudiera parecer elogio.)

Meses después de ver publicado su primer trabajo literario, Paulino Iglesias pronunció su primer discurso de exposición de ideas.

En febrero de 1871 la Federación Local organizó unas conferencias de controversia que se efectuarían los domingos por la tarde en la Escuela de Arquitectura, o sea, en los llamados Estudios de San Isidro.

Se celebraron hasta nueve en los meses de marzo y abril. Discutieron los principales miembros de la Internacional con el catedrático de Economía Política Bona, con los diputados o ex-diputados federales Casalduero y Suñer y Capdevila, con el economista Gabriel Rodríguez y con otros hombres de cierta nombradía y prestigio. En la tercera o cuarta sesión habló Iglesias con suma timidez, saliendo, no obstante, airoso del empeño.

Aquellas conferencias, que interesaban mucho, se vieron interrumpidas en los comienzos del mes de mayo.

Veía el gobierno de mal ojo el desarrollo y la propaganda de la Internacional, y más desde que se produjo la insurrección de París conocida con el nombre de la Comuna, porque se culpaba, sin razón, a la Internacional de tal movimiento, y el ministro de la Gobernación, Sagasta, hacía que se persiguieran a las secciones hasta sin asomo de pretexto. En estas condiciones, la federación madrileña organizó un té de fraternidad, que se celebraría la tarde del día 2 de mayo en un café de la calle de Alcalá llamado Internacional.

Cuando se estaban pronunciando discursos para condenar el odio de pueblo a pueblo, invadió el local la bárbara patulea conocida con el nombre de "Partida de la Porra", queriendo apalear a los concurrentes. Se rechazó la agresión y se cerraron las puertas del café, que estaba en un cuarto interior, y a ciencia y paciencia de las autoridades, aquellos asalariados de baja estofa, hasta las nueve o las diez de la noche estuvieron vigilando el local para maltratar a los que saliesen, y cuando, al fin, llegaron agentes de la autoridad, fue para detener a cuatro o cinco de los reunidos, verdad que sólo por pocas horas.

A fin de que fuese hiriente de veras la protesta contra la conducta de las autoridades y del gobierno, se suspendió la celebración de las conferencias "en vista de que el gobernador no quería o no podía garantizar a los ciudadanos la seguridad personal cuando ejercieran algún derecho político [...]".

Durante las conferencias se había hablado de publicar un semanario, llamado *El Progreso*, que llenase el hueco dejado por *La Solidaridad*, muerta por falta de recursos, sin que cuajara el deseo o propósito.

Pero en este tiempo entró en la federación madrileña un hombre de mucho mérito, lleno de iniciativas y buen periodista. Llamábase José Mesa; había sido cajista de imprenta y colaborador de *La Discusión*. Tomó parte en el movimiento revolucionario del 66, y pudo escapar a Francia, donde vivió de su pluma; y de su pluma vivía cuando, vuelto a Madrid, entró en la Internacional. Y este hombre resolvió el problema. Se emitieron acciones de una peseta, y cuando se habían cobrado 500, apareció *La Emancipación* (19 de junio de 1871).

Aunque durante mucho tiempo no aparecieron nombres de los que escribían el periódico, sabemos que en el consejo de redacción estaba Iglesias, con otros compañeros, algunos procedentes de *La Solidaridad*.

En el mes de septiembre de aquel año celebró la Federación Regional, ya que no un congreso, una conferencia en Valencia, renovándose el Consejo Federal, en el que entró Paulino como secretario para la comarca Norte.

(Fueron compañeros de Iglesias en este Consejo Federal —que era el segundo— Francisco Mora, secretario general; Ángel Mora, tesorero; el dependiente de comercio Valentín Sáez, contador; el platero Inocente Calleja, secretario económico; el tipógrafo José Mesa, secretario de la comarca Sur; Anselmo Lorenzo, secretario de la comarca Este; Hipólito Pauly, secretario de la comarca Oeste, y Víctor Pagés, secretario del Centro.)

Casi al mismo tiempo se reunió en Londres otra conferencia de la Internacional, de la que salió muy malparada la Alianza de la Democracia Socialista, y en la que se votó un acuerdo categórico relativo a la necesidad de la acción política de clases. "La conquista del poder político es el primer deber de la clase trabajadora", dice en su final el acuerdo relativo a la acción política, y el que se refiere a la organización prohíbe los ramos, secciones o grupos separados con el nombre de secciones de propaganda y otros, que se atribuyan misiones especiales (que era el caso de la Alianza), y también de organizaciones secretas.

Por aquellos días se había abierto en nuestro Congreso de los Diputados un debate largo y apasionado, que llamaron "el proceso de la Internacional". De este debate han quedado, como verdaderos modelos, los discursos de Nicolás Salmerón y de Francisco Pi y Margall. En el ataque a la Internacional se distinguieron el ministro de la Gobernación Candau, y el diputado Jove y Hevia, para quien, "después de todo, las tendencias de la Internacional no eran más que las tendencias de José María, que se quería elevar a la categoría de ciencia social".

Con miras de propaganda, la Federación Local aprovechó aquel momento para celebrar una reunión pública en uno de los locales más amplios de Madrid, invitando a los dos señores mentados o a quien profesase sus ideas, a que las mantuvieran. Presidió Iglesias el mitin, que fue animadísimo.

Aquel debate concluyó en un voto favorable al gobierno para perseguir a la Internacional; pero hubo crisis, volvió el poder a manos de Sagasta y fue este político quien declaró fuera de la ley "a la Asociación Internacional, utopía filosofal del crimen".

Con este motivo, el Consejo Federal publicó un manifiesto y adoptó precauciones para conservar la organización.

Y sobrevino la discordia.

La cuestión de la Alianza había dividido a la Federación de la Suiza Romanda en secciones partidarias y secciones adversas a la admisión del organismo de Ginebra, creándose dos federaciones, la Romanda, enemiga de la Alianza, y la Jurásica, amiga de ella.

Esta división, enconadísima, se extendió fuera de Suiza, y por los acuerdos de la conferencia de Londres quedó caracterizada la Internacional en amigos y enemigos del Consejo General de Londres, o, mejor, en amigos de Marx y amigos de Bakunin, no dándose importancia a la oposición de criterios en lo relativo a la acción política, a que mientras la Federación Jurásica decía "toda participación de la clase obrera en la política gubernamental no puede producir otros resultados que la consolidación del orden de cosas existente", la Federación Romanda opinaba en síntesis: "combatimos la abstención política, por ser funestas para nuestra clase las consecuencias de esta abstención".

En España, el Consejo Federal todo pertenecía al núcleo madrileño de la Alianza, dentro del cual había discordias.

Y cuando las federaciones suizas se peleaban con sendas circulares, cuando los franceses emigrados a Suiza y a Inglaterra celebraban conciliábulos, cuando los belgas se reunían en congreso y los italianos se aprestaban a la pelea contra el Consejo General de Londres, llegó a Madrid Paul Lafargue, yerno de Marx, ex-secretario de dicho consejo para España y emigrado de la Comuna, a quien el gobierno había obligado a internarse desde San Sebastián a Madrid. Llegó a Madrid, se inscribió en la Sección Varia de la Federación Local y se presentó a los redactores de *La Emancipación*, brindándoles ayuda. (Conocía bien el castellano por haber nacido en Santiago de Cuba, donde vivió hasta los siete años.)

Se aceptó la colaboración, que inmediatamente enriqueció las columnas del periódico con artículos sustanciosos, y bien pronto hubo algo más que colaboración.

Ello es que, aun los miembros más ilustrados del Consejo Federal —Mesa, F. Mora y Lorenzo, y los dos últimos habían oído la palabra de Fanelli—, no tenían sino vagas nociones de la acción política de clase, de la finalidad y medios de la Internacional. Contaba Iglesias que muchas veces, en dudas y perplejidades, había preguntado a Lorenzo y a Mora, sin que ninguno de ellos le iluminara como él quería.

Lafargue, en cambio, sobre poseer una cultura formidable, conocía bien libros tan fundamentales como el *Manifiesto comunista* y *El capital*, y, en resolución, el pensamiento de Marx, padre de su esposa, una señora de grande ilustración, muy enterada y partidaria fervorosa de las ideas de su padre.

Y entonces lo que era oscuro empezó a trocarse en claro, y los miembros del consejo de redacción comenzaron a reaccionar en favor del Consejo General de Londres y de la acción política de clase.

No era éste, sino el contrario, el criterio de los elementos que predominaban en la Federación Local madrileña, señaladamente el de uno de los más prestigiosos fundadores de la Internacional, el grabador Morago, que no congeniaba con Mora ni con Mesa, y que a estas aversiones personales hubo de unir el odio a Lafargue, que le pareció enviado con fines tortuosos por el Consejo General de Londres.

Y una semana que *La Emancipación* insertó un artículo invitando a la asamblea del Partido Federal, entonces reunida, a que dijese su sentir respecto de las aspiraciones de la Internacional, se acordó por la Federación Local la expulsión de los redactores, estimando que el artículo era opuesto a los principios de la asociación. Entre los expulsados estaba Iglesias.

En estas andanzas llegó el mes de abril, en que debía celebrarse el congreso anual, y a él fue el consejo, resueltos sus miembros a no aceptar nuevos nombramientos, y también con propósito de avistarse con los delegados aliancistas que concurrieron para acordar la disolución de los núcleos de la Alianza, perjudiciales, y además opuestos a los acuerdos de la conferencia de Londres respecto a organización.

Se celebró el congreso —al que asistió Iglesias—, se trasladó a Valencia la sede del Consejo Federal, se anuló la expulsión de los redactores de *La Emancipación* y no dio resultado la gestión para disolver los grupos de la Alianza.

Quedó entonces Iglesias sin más cargo que el de redactor de *La Emancipación*, a la que pronto le salió un competidor en *El Condenado*, de Morago.

Y en junio, tomando como pretexto un artículo de violencia extraordinaria inspirado por el famoso asunto de los dos millones de reales que Sagasta trasladó de la Caja de Ultramar a los fondos secretos de Gobernación, se expulsó a tres redactores de *La Emancipación*, a los que defendieron sus colegas en sesión de la Federación Local, sin lograr nada, retirándose, por lo que se los consideró como traidores y expulsados. (El día anterior a la expulsión se había publicado una circular de la sección madrileña de la Alianza invitando a las demás a disolverse como ella lo hacía y ésta fue la verdadera causa de las expulsiones.)

Los expulsados —o considerados como tales— eran nueve —Iglesias fue quien más peleó en la célebre sesión—, que se dirigieron al Consejo Federal para que suspendiese el acuerdo de Madrid hasta el congreso, que se celebraría en Córdoba. El consejo confirmó el acuerdo, y cuando los nueve constituyeron una nueva federación y pidieron ingreso como tal, les fue negado. Entonces se dirigieron al Consejo General de Londres, siendo admitidos.

En septiembre de 1872 se celebró en La Haya el congreso famoso, del que salió el proletariado militante dividido en dos ramas, que hoy llamamos socialismo y anarquismo. No mucho después, en congresos de cada fracción, se definía mejor el concepto que los separó. En el de los socialistas, celebrado en Ginebra en 1873, se acordó "recomendar la acción política de acuerdo con las peculiares condiciones de cada país, trabajando para el logro de las reformas sociales y políticas, pero sin olvidar que la emancipación total del proletariado sólo puede realizarse previa la posesión del poder político por los trabajadores". Los anarquistas acordaron "no establecer diferencia alguna entre los diversos partidos políticos, porque todos, sin dintinción, forman una masa reaccionaria y todos deben ser combatidos".

Volvió Lafargue a Londres, siguió apareciendo *La Emancipación*, ahora en contacto con Engels y Marx, y se creó un remedo de Federación Regional con un puñado de secciones no conformes con el criterio de los anarquistas.

Lafargue envió una edición en francés del *Manifiesto comunista*, que fue vertida al castellano y publicada en el periódico, así como capítulos sueltos muy bien elegidos de *El capital*. Por entonces apareció la traducción francesa de este libro, que se publicaba por cuadernos, siendo Iglesias en Madrid el encargado de recibirlos y administrarlos. Uno de los suscriptores fue Emilio Castelar.

Y estas dos obras fundamentales, leídas, estudiadas y meditadas por Iglesias, le dieron nociones claras que nunca más modificaría.

Abdicó Amadeo I; se proclamó la República, la derrocó traidoramente el general Pavía, y entonces se les logró el deseo al general Serrano y a Sagasta de disolver la Internacional y perseguir a los miembros de ella "hasta en sus más recónditos escondrijos", y, en efecto, se encarceló y se deportó bárbaramente; sancionando todo ello desde Gobernación un republicano: Eugenio García Ruiz.

Fuerte la Federación Regional, pudo vivir, aunque

clandestinamente; mas la nueva y débil federación se deshizo. De los hombres, Mora se trasladó a Barcelona para trabajar; Mesa fue enviado a París por la casa que le daba ocupación, y los demás colegas no eran hombres vehementes ni muy abnegados. Quedó sólo Paulino Iglesias, ya firme, entusiasta, seguro de sí mismo y resuelto; contaba a la sazón veintitrés años.

La nueva Federación Regional, la partidaria de la acción política, había tenido secciones en las siguientes comarcas: Castilla la Nueva, tres; Cataluña, dos; Levante, dos; Andalucía, una; Aragón, una, y Vascongadas, una.

La vieja Federación Regional, la adversa a la acción política, el año 1876 tenía federaciones locales: en Andalucía, 42; Cataluña, 23; Levante, 14; Extremadura, 10; Castilla la Nueva, 10; Castilla la Vieja, 7, y Aragón, 2.

Iglesias era el único hombre que permanecía firme, como queda dicho, y ahora se veía elevado a la condición de fundador, y esto en medio tan adverso como Madrid, de industria rudimentaria, de talleres gremiales, donde era algo fabuloso la Fundición de Hierro —que así llamaban a la de Sanford—, de obreros sin espíritu de clase y en su inmensa mayoría indiferentes a los ideales y a la política.

Del Iglesias de aquellos tiempos dibujó Anselmo Lorenzo [1] el siguiente retrato: "Era joven, entusiasta, vehemente, distinguiéndose por la facilidad de adaptación del pensamiento ajeno más que por la actividad intelectual propia. Puntual y exacto en el cumplimiento de los deberes de su cargo, atento con todos, buen amigo, sin dar preferencia a ninguno de sus compañeros de consejo, hizo allí su aprendizaje de los negocios públicos".

Por cartas escritas a Engels —amigo y colaborador de Marx— por José Mesa podemos saber algo más del joven Iglesias.[2] En septiembre de 1872 escribía Mesa: "Iglesias, que es un carácter poco decidido". En noviembre del mismo año: "Mora, Calleja, Sáenz, Iglesias y yo, desde hace tres semanas, cotizamos para pagar la imprenta y el correo" (habla de *La Emancipación*). En marzo de 1873: "Iglesias hace esfuerzos extraordinarios para ayudarme en la redacción. Escribe sueltos y algunos artículos. Es el único que me ayuda".

En esta época vino Iglesias en conocimiento de que no se llamaba Paulino, sino Pablo, y ello fue cuando recogió su fe de bautismo para redimirse del servicio militar como hijo de viuda. Había ocurrido que siendo Paulo el equivalente gallego del castellano Pablo, sus padres, por cariñoso diminutivo, hicieron del Paulo Paulino.

Pues este error tan sencillo sirvió a los anarquistas, o sea, a los hombres de la vieja federación, para cuchufletas que molestaron siempre a Iglesias. ¡A él, tan impasible ante otros ataques!

Por aquellos días, Iglesias, que generalmente ganaba jornales regulares, adquiría libros de precio, como la *Historia universal*, de César Cantú; el *Tratado magistral de tipografía*, en francés, de Teotista Lefèvre; obras de historia, de economía, de lo que después llamarían de sociología y muy pocos de entretenimiento. Por entonces ya había aparecido la Biblioteca Universal, dirigida por Francisco Pi y Margall, que, por 50 céntimos, publicaba obras de autores selectísimos: Pi y Margall, Proudhon, Goethe, Cervantes, Larra, Dante, Calderón, Lope de Vega, Tirso de Molina, Schiller, Balzac, Quevedo... En algún tomito de esta Biblioteca encontró Iglesias a héroes conocidos suyos de las historias de cordel, encontró al conde de Alarcos, al marqués de Mantua, a Valdovinos, a Roldán, a Carlo Magno...

NOTAS

1. *El proletariado militante*, vol. I, p. 336.
2. Max Nettlau, *Documentos inéditos sobre la Internacional y la Alianza en España*, Buenos Aires, 1930.

CAPÍTULO 3

PABLO IGLESIAS, PRESIDENTE DE LA ASOCIACIÓN DEL ARTE DE IMPRIMIR Y SECRETARIO DEL PRIMER ORGANISMO CENTRAL DEL PARTIDO SOCIALISTA OBRERO

En noviembre de 1871 se fundó en Madrid la Asociación del Arte de Imprimir, principalmente para ver el modo de colocar a los obreros tipógrafos "que estaban parados" y también para mejorar la condición y situación general del oficio.

En las reuniones públicas en que se inició y constituyó el organismo, Iglesias y su colega de consejo, Lorenzo, habían hablado para recordar que existía ya una Sección de Tipógrafos en la Internacional, mas no se les escuchó.

Se fundó la asociación para marchar de acuerdo con los patronos, armonizando el interés del trabajador con el interés del dueño de imprenta —"el empresario" de la economía clásica—, huyendo de exageraciones e intransigencias, y eliminando odios y luchas de clase, y para lograr tanta ventura, la entidad naciente se dirigió a los "señores dueños de imprenta", convocándoles a reunión para establecer tarifas de jornales y condiciones de trabajo "justas y equitativas". Acudieron muy pocos patronos, y a la tercera entrevista la opinión de éstos fue que "valía más dejarlo"; de todos modos quedó hecho un boceto de tarifas.

En lo referente a los obreros sin trabajo, el ilustre don

Eduardo Benot, diputado a Cortes, dio una solución: crear una imprenta colectiva propiedad de la asociación, donde se colocasen por turno los parados.

Dicho y hecho. Un proveedor de material de imprenta, dueño al mismo tiempo de una fundición tipográfica, facilitó en el acto cuanto se le pidió, a pagar cuando y como se pudiera, sin contrato alguno y sin aumento en los precios.

Una comisión de operarios, realmente maestros, eligió tipo, titulares y demás material y una máquina de las llamadas de Marinoni, importando todo ello 30.000 reales. Tenía entonces la sociedad en caja —abril de 1872— 12.000; le fueron entregados 10.000 al vendedor y se convino en pagar los 20.000 que restaban en plazos mensuales de 1.000.

¡Ay! La imprenta ni sirvió para colocar en ella a todos los parados, ni pudo sostenerse con sus ingresos; fue un verdadero desastre.

Y otro desastre, el anhelo de armonía y cordialidad entre obreros y patronos. En marzo de 1873 se quiso instaurar amistosa y cordialmente las tarifas de jornales elaboradas por la asociación con el asenso de una minoría de patronos, y hubo que apelar a la huelga. Se venció en ella, conduciéndose los tipógrafos tan valerosamente, que Iglesias no se contentó con escribir su elogio en *La Emancipación* —que ya estaba en trance de muerte—, sino que ingresó en la Asociación General del Arte de Imprimir. Ocurrió esto el día 4 de mayo de 1873. Al poco tiempo se le elevaba a la presidencia de la mesa de discusión.

La imprenta —como queda apuntado— era un negocio ruinoso, tanto que en abril de 1874 no sólo no se había pagado el valor de ella, sino que la caja de la sociedad debía sobre 11.000 reales —contra créditos a favor por

8.000—, y 15.000 al señor que suministró la máquina, el material, los enseres, etc.

Para salir del atolladero se proponía por la directiva crear una cuota extraordinaria de duración indefinida, dictamen que no prevaleció. En otra junta se propuso almacenar la imprenta en espera de tiempos mejores, levantar un empréstito, y, por último, tasarla, venderla, pagar lo que se debiese y si había sobrante, crear con él la caja de resistencia. Redactaba esta proposición Pablo Iglesias, que la defendió y la hizo prevalecer.

Ocurría esto a fines de marzo de 1874; a fines de abril se vendía la imprenta, se pagaban las deudas y entraban en la caja de resistencia 4.741 reales.

La directiva en pleno dimitió, y tuvo que convocar a elecciones un organismo secundario. El 10 de mayo fue Iglesias elegido presidente, formando el resto de la directiva partidarios y firmantes de la proposición de venta.

Iglesias reunió a los nombrados, declarándoles su propósito de no aceptar el cargo, fundándose en que éste debía ser desempeñado por hombre a quien los años, la conducta y la superioridad profesional por todos reconocida diesen verdadera autoridad y respetabilidad, y él era un muchacho, con fe, con entusiasmo y con buena voluntad, pero nada más.

Salvo dos de los congregados —de prestigio profesional ya sancionado y algo entrados en la treintena—, los colegas de Iglesias le excedían poco en años y "no eran malos cajistas".

La respuesta unánime de ellos fue que Iglesias tenía el deber de dirigir la asociación, de acuerdo con el criterio de la resistencia; que tenía para realizar este deber la autoridad que le daban los sufragios de los asociados y la que ellos le reconocían, y que, en todo caso, si se obstinaba, ellos le seguirían, pero esto implicaría el desquiciamiento total del organismo.

Iglesias aceptó la presidencia. Aquel día quedó sujeto de por vida en el engranaje de la predicación, la organización y la acción. Contaba veintitrés años, y le acompañaban hombres no unidos a él todavía por vínculos de amistad. De ellos uno o dos habían estado en la Internacional, pero sin hacer otra cosa que cotizar cada semana.

Iglesias y sus colegas —aunque muchísimo más Iglesias— fueron recibidos hostilmente. De 34 asociados que en abril tenían puestos en la junta directiva, en el jurado, en la mesa de discusión y en la comisión revisora de cuentas del organismo, 26 enviaron sus bajas, y los 369 socios que había en el mismo mes quedaron reducidos a 194 en 31 de diciembre del mismo año 1874.

¿Por qué? Consignemos un detalle que vale por muchas explicaciones. En el número del *Boletín* de la asociación donde se dio la lista de los elegidos el día 10 de mayo para ocupar los distintos cargos, todos los nombres iban precedidos del *don*; a partir de la toma de posesión de los electos, el *don* se trueca en *compañero*.

Por aquellos tiempos los tipógrafos en general —aun siendo demócratas y federales— se consideraban de categoría superior a los demás operarios. Ellos profesaban un arte noble, lo que incluso les obligaba a presentarse ante las gentes con cierto decoro personal en el atavío. Venían a ser respecto a los demás oficios lo que son hoy las llamadas clases medias respecto de los operarios mecánicos.

Además había en la profesión como una aristocracia de regentes, correctores y encargados de renombre —merecido unas veces, no merecido otras—, con los correspondientes séquitos y clientelas, en la que abundaban los hombres entonados, muy pagados de sus personas, que con un mohín de superioridad repudiaban a aquellos operarios nada distinguidos, empezando por el presidente, que era un chico, y que, como le dejaran , llevaría el organismo a la Internacional.

Se hizo lo posible por contener aquella huida. No tomando en cuenta verdaderas injurias, suspicacias, habladurías y gestos desdeñosos, Iglesias escribió un manifiesto memorable, que firmó la directiva. De él son los razonamientos que siguen, en nada distintos de los que emplearía durante medio siglo.

> Creer que se pueden mejorar las condiciones de los tipógrafos con el aislamiento y el abandono, es un sueño; dejar al tiempo y a la casualidad el alivio de nuestros infortunios, un error; pensar que los que no sufren nuestras privaciones y nuestro malestar han de interesarse por nosotros y poner coto a ello, una utopía [...]

Ni estas palabras, ni la conducta ejemplar de los hombres de la directiva, ni su austera administración sirvieron para impedir la desbandada: los 194 socios de diciembre de 1874 eran 180 en el mismo mes de 1875. ¡Ni siquiera pudo contenerla la conducta lógica de muchos dueños de imprenta, que aprovechaban el desquiciamiento de la asociación para no cumplir las tarifas de jornales pactadas en 1873!

Y también era preciso defender a la asociación de los ataques de las autoridades en aquellos días absurdos de partidos legales y partidos ilegales.

Había entonces un impresor, no malo ni de los que peores jornales pagaban, que se propuso deshacer la sociedad valiéndose de sus influencias políticas, quizá para vengar el enojo que le causara algún suelto jocoso del *Boletín* dirigido a su persona, y habló con el gobernador —el conde de Heredia-Spínola—, hombre de pocos escrúpulos, que acogió bien la idea.

Pero entre los asociados había otro hombre de influencia casi incontrastable, el famoso don Felipe Ducazcal, el que riñó con Paúl y Angulo en cruento desafío, el que organizó la famosa Partida de la Porra, que tenía gran amistad con Romero Robledo —entonces ministro de la Gobernación— desde los tiempos en que éste era dignísimo subsecretario y discípulo aventajado de Sagasta, no sólo en asuntos de elecciones, sino en todo género de arbitrariedades, atrocidades, atropellos, trapacerías y demás delitos que pintoresca y ligeramente llaman *travesuras*. Ducazcal había sido cajista, y como tal pidió ingreso en la asociación cuando ésta se fundó, y en ella fue útil.

En aquel trance, el gobernador se quedó sin poder servir al impresor amigo suyo, pero con firme propósito de hacerlo en cuanto hubiese el menor asidero. Y lo hubo. La directiva imprimió un aviso administrativo y no puso en él el pie de imprenta.

El empleado del Gobierno Civil encargado de estas faenas envió un oficio a la directiva para que se personara en "la dependencia" algún miembro de ella, acudiendo el vicepresidente.

—¡Lo que es ahora no les vale a ustedes el señor Ducazcal! ¡Ahora el gobernador tiene motivo para disolver la Sociedad! —exclamó con verdadero regocijo.

Se buscó a Ducazcal, que en la misma noche, y acompañado por Iglesias y dos colegas, visitó a *don Francisco.* "La asociación no volvería a ser molestada en lo más mínimo mientras él fuera ministro." ¡Verdad que para convencer al ministro, Ducazcal habló de "los grandes servicios que aquellos muchachos habían prestado a la Restauración"!...

Algún tiempo después, no mucho, tuvo Iglesias que habérselas secretamente con el mentado conde de Heredia-Spínola. Ello ocurrió por el año 1880, cuando ya constitucionales y centralistas se habían fusionado, recibiendo el refuerzo de algunos conservadores, entre ellos el formidable y decisivo general Martínez Campos.

Al nuevo partido le urgía, naturalmente, llegar al poder, y, no bastándole los trabajos en el Parlamento, reuniones, periódicos, etc., publicaba un semanario clandestino, lo que llaman un libelo, que puede que no lo fuera. La policía hizo cuanto supo para encontrar la imprenta donde se estampaba el semanario, no logrando nada, y entonces al gobernador no se le ocurrió más atrocidad que llamar al presidente de la Asociación del Arte de Imprimir, a Iglesias, y exigirle que "en el acto" le dijese en cuál imprenta se estampaba el semanario y los nombres de los redactores y de los operarios.

Iglesias, en aquel momento, sintió algo así como asco... Manifestó la verdad: que ignoraba dónde se imprimía el periódico; pero haciendo constar categóricamente que, aun cuando lo supiera, no lo diría, e insinuando que aquello era una indignidad.

Encolerizado, el gobernador gritó, más que dijo:

—¿Usted sabe que puedo enviarle desde aquí al *Saladero*?

—Sé que hay códigos, leyes de enjuiciamiento y tribunales.

—Pues lo mismo a mí que al gobierno todo eso nos tiene sin cuidado.

—También lo sé...

El pobre gobernador tenía que sufrir las iras de sus superiores; mas pensó que ni Cánovas, presidente, ni Romero Robledo, ministro de la Gobernación, le agradecerían que "encerrase" a Iglesias en la "cárcel de hombres" o en los sótanos del Gobierno Civil, y no por escrúpulos legales, ciertamente, sino por considerarlo "exceso de celo", y fuera de sí gritó:

—Retírese, y cuidado conmigo...

Tenían las sucesivas directivas presididas por Iglesias que pelear también con otros enemigos, natural uno de ellos. Muchos patronos ni admitían ni toleraban en sus casas a los obreros asociados, y estos mismos patronos y algunos más negaban trabajo a los elementos que se significaban por su actividad.

Y hasta entre los mismos asociados existía una minoría que siempre y por sistema mantenía una oposición insidiosa contra Iglesias y "su camarilla"; Iglesias, que quería convertir el organismo en una sección de la Internacional o del socialismo.

Con todo, venció la firme voluntad del presidente y de cuantos le ayudaron. Hombre a hombre y real a real, en enero de 1882 los asociados eran 977 y en la caja de resistencia había 24.500 pesetas.

Poco antes, en asamblea extraordinaria de la asociación, se resolvía pedir a los patronos el restablecimiento de las tarifas aceptadas el año 1873, facultando a la directiva para plantear la reclamación cuando lo considerase oportuno.

La oportunidad llegó, y el 6 de febrero se produjo una huelga instructiva de veras, de la que se hablará más adelante.

Empleada la pasmosa actividad de Iglesias y su voluntad incontrastable en la tarea de engrandecer la asociación, infundiéndole espíritu de clase, y teniendo compañeros dignos de él para realizar la empresa, no olvidó que debía fundarse en España un partido político también de clase.

No había él buscado ni apetecido la presidencia de la Asociación del Arte de Imprimir; tampoco ambicionó ni buscó el primer puesto en la realización de la ardua tarea de crear el partido, sino que también fue el encadenamiento de los sucesos quien la echó sobre sus hombros.

Mora, como sabemos, salió de Madrid para buscar trabajo, encontrándolo en Barcelona, y después trocó el oficio de zapatero por la profesión de actor lírico, para la que le daban condiciones sus completísimos estudios del arte de la música.

Mesa residía en París y los demás colegas de la Nueva Federación Madrileña, si eran capaces de secundar, no lo eran de tomar iniciativas.

Mesa hizo uno o varios viajes a Londres, hablando con Marx y estrechando su amistad con Engels, y Mesa escribía a Iglesias diciéndole sus opiniones, contándole lo que oyera de labios de Marx y de Engels, indicándole cómo en Francia, en Bélgica, en Italia, en Holanda se iban creando las células de los futuros partidos de clase y cómo en Alemania ya se había creado. Y le enviaba asimismo los números de *L'Égalité* (1877), que dirigía Guesde; los folletos de este organizador, claros y categóricos; más otros libros y folletos, que Iglesias estudiaba y meditaba, afirmándose, robusteciéndose y aun decantándose sus convicciones.

Mas para crear el partido hacían falta partidarios. Iglesias contaba con sus compañeros de la Nueva Federación, que no pasaban de seis, incluyendo a un ex-tipógrafo estudiante de Medicina, gran amigo de su camarada de estudios Jaime Vera.

En la asociación, Iglesias había encontrado cuatro miembros de la Internacional que aceptaron la idea de crear el partido, y las sucesivas renovaciones de juntas directivas por él presididas le llevaron compañeros selectos, entre los que pudo hacer partidarios.

Estos hombres hablaron a otros, y así se llegó a formar un núcleo de treinta o cuarenta amigos, predominando los tipógrafos; un núcleo dividido en dos tertulias, una de las cuales se reunía en el café de Lisboa y la otra en el café del Brillante, tertulias mudables, de las que sólo unos pocos eran asiduos. Iglesias no se contaba entre los últimos; sólo de tarde en tarde recalaba en la del café de Lisboa.

Y estos amigos, aun sin estar constituido organismo alguno, solían celebrar sesiones muy de tarde en tarde, casi siempre en el interior de una taberna de confianza y hasta paseando por el Retiro.

Pasaban los meses y los años; Iglesias pensaba que había llegado la hora de organizar grupos —secretos, naturalmente— donde hubiese elementos. Mora, que estaba en relaciones con los de Barcelona, Zaragoza y Valencia, pedía paciencia, considerando prematuro cuanto se hiciera. Al cabo prevaleció la opinión de Iglesias, y el grupo madrileño se constituyó el día 2 de mayo de 1879 en banquete de fraternidad, celebrado en una humilde fonda de la calle de Tetuán.

En el acta de constitución, levantada por el ilustre García Quejido y suscrita por éste y por Iglesias como secretarios, consta que el grupo lo formaban 25 compañeros, de ellos 16 tipógrafos, cuatro médicos, dos plateros, un doctor en Ciencias (Vicente Vera), un marmolista y un zapatero. De los 16 tipógrafos, 14 tenían cargo o lo habían tenido en la directiva del Arte de Imprimir. En el acta consta que se nombró una comisión redactora del programa y de la organización del partido, compuesta de cinco individuos. Iglesias y Victoriano Calderón, tipógrafos y colegas en la Internacional desde 1870, y Ocina, Zubiaurre y Jaime Vera, médicos. Pero en el acta no consta que el nombre del partido fue discutido. Vera estimaba que si "Partido Socialista" estaba bien, añadir "Obrero" era restringirle; Iglesias opinaba que precisamente tal adjetivo declaraba categóricamente que el partido lo era de clase. Prevaleció el sentir de Iglesias.

Trabajó la comisión sin la ayuda valiosísima de Jaime Vera, porque este hombre extraordinario realizó por aquellos días un larguísimo viaje de estudios. Iglesias fue quien leyó y razonó en la asamblea el programa y la organización, que fueron aprobados.

Pero ocurrió que Mora puso reparos e indicó adiciones de "los amigos de Barcelona", y entonces se retocó el programa, aunque sólo en la forma. Compusieron la nueva comisión Iglesia, Mora y Calderón, y en abril de 1880 se votó el programa, que luego había de ratificar, casi sin enmienda, el congreso celebrado en Barcelona el año 1888.

En la misma sesión en que se aprobó el programa se acordó una organización nacional realmente prematura, porque entonces sólo había un puñado de amigos en Madrid, otro en Barcelona y menos aún que un puñado en Guadalajara —éstos, tipógrafos amigos de Iglesias procedentes de Madrid—; pero cumpliendo tal organización, en enero de 1881 se nombró un Comité Central compuesto de Pablo Iglesias, secretario —aún se consideraban antidemocráticas las presidencias—; Tomás Robledo, tesorero; García Quejido, contador, y Francisco Vilar y Victoriano Calderón, vocales. Todos tipógrafos, menos el tesorero. ¡Desde 1881 hasta el fin de sus días Iglesias fue de hecho el presidente del partido, y presidente sin adversarios, presidente no indiscutible, pero sí indiscutido!

Como en el caso de la presidencia del Arte de Imprimir, ni Iglesias aspiró a ocupar la cabecera del Comité Nacional ni hubo quien se la disputara. Por su prestigio de "fundador", pudo hacerlo Mora; por su saber y extraordinaria inteligencia, pudo hacerlo Vera. Mora llevaba la vida errante del actor; Vera comenzaba a conquistar un renombre merecido en el mundo de la ciencia y no podía dispersar su actividad. No había más hombre que Iglesias para aquel puesto.

Lo fundamental del programa del Partido Socialista Obrero votado en abril de 1880 es lo siguiente:

> Considerando que esta sociedad es injusta porque divide a sus miembros en dos clases desiguales y antagónicas, una —la burguesía— que, poseyendo los instrumentos de trabajo, es la clase dominante; otra —el proletariado— que, no poseyendo más que su fuerza vital, es la clase dominada;
>
> Que la sujeción económica del proletariado es la causa primera de la esclavitud en todas sus formas: la miseria social, el envilecimiento intelectual y la dependencia política;
>
> Que los privilegios de la burguesía están garantizados por el poder político, del cual se vale para dominar al proletariado.
>
> Por otra parte: Considerando que la necesidad, la razón y la justicia exigen que la desigualdad y el antagonismo entre una y otra clase desaparezcan, reformando o destruyendo el estado social que las produce;
>
> Que esto no puede conseguirse sino de un modo: transformando la propiedad individual y corporativa de los instrumentos del trabajo en propiedad común de la sociedad entera;
>
> Que la poderosa palanca con que el proletariado ha de destruir los obstáculos que a la transformación de la

propiedad se opongan ha de ser el poder político, del cual se vale la burguesía para impedir la reivindicación de nuestros derechos.

Por todas estas razones, el Partido Socialista Obrero declara que tiene por aspiración:

1.º La posesión del poder político por la clase trabajadora.

2.º La transformación de la propiedad individual y corporativa de los instrumentos de trabajo en propiedad común de la sociedad entera. (Entendemos por instrumentos del trabajo la tierra, las minas, los transportes, las fábricas, máquinas, capital-moneda, etc.)

3.º La organización de la sociedad sobre la base de la federación económica, el usufructo de los instrumentos del trabajo por las colectividades obreras, garantizando a todos sus miembros el producto total de su trabajo, y la enseñanza integral a los individuos de ambos sexos en todos los grados de la ciencia, de la industria y de las artes.

En suma: el ideal del Partido Socialista Obrero es *la completa emancipación de la clase trabajadora*: es decir, *la abolición de todas las clases sociales y su conversión en una sola de trabajadores libres e iguales, honrados e inteligentes.*

En febrero de 1881 ocupó el gobierno —pongamos *mandó* que es más claro— un partido llamado fusionista, que presidía Sagasta y por el que presentó fianza donde correspondía el general Martínez Campos, el cual gobierno abrió algo la mano —no mucho— en lo que respecta a posibilidades de ejercer los dererechos reconocidos por la Constitución, y aprovechando esta coyuntura los elementos que habían quedado dueños de la vieja Federación Regional de la Internacional convocaron a un congreso en Barcelona para el día 23 de septiembre de aquel mismo año 1881.

Para tomar parte en él la Agrupación Socialista de

Madrid envió a Pablo Iglesias, que presentó su acta en la sesión preparatoria —celebrada en Sants—. Una reseña de la sesión dice: "Por adolecer de defectos no se aprobó el acta del grupo obrero de Madrid".

Además, sobre no aprobar el acta —y en aquel congreso memorable e importantísimo hubo hasta representaciones de organismos que se llamaban federales-pactistas— se expulsó del local a Pablo Iglesias.

Asistieron al congreso 136 delegados, que rehicieron la Federación Regional, adversa a la acción política. El año siguiente celebró el organismo congreso en Sevilla, donde estuvieron representados 49.562 federados, distribuidos por comarcas como sigue: Andalucía, 30.047; Cataluña 13.181; Levante, 2.621; Galicia, 847; Vizcaya, 710; Aragón, 689; las dos Castillas, 515, y Asturias, Extremadura y Baleares, 952. Los elementos que tenían ya a Iglesias como director eran, en lo que se refiere a organización para la resistencia, los 900 hombres inscritos en el Arte de Imprimir, y en lo político, los grupos de Madrid, Barcelona y Guadalajara, que, entre todos, no contaban un centenar de afiliados.

Comprende este período la juventud de Pablo Iglesias: contaba veintitrés años cuando tuvo que encargarse de la presidencia del Arte de Imprimir, treinta y uno cuando se produjo la huelga de 1882, y durante este tiempo no fue muy azarosa su vida.

Ganaba jornales de 30 o 35 pesetas cada semana, si el trabajo no faltaba, jornal que en aquellos tiempos era casi la abundancia y hasta la posibilidad de ahorrar algunos duros para los días de enfermedad o de paro. Mas Iglesias, por su condición de presidente del Arte y por sus ideas, era un *indeseable* —como lo eran casi todos sus colegas—, así que con mucha frecuencia no sólo había de gastar los míseros ahorros, sino que la pobre señora Juana tenía que pedir fiado al tendero, al panadero, al carnicero...

Además, Iglesias estaba obligado a dar ejemplo en el taller, y lo daba no tolerando ni aun la sombra de una injusticia, de una desconsideración, de un atropello, y en trabajo, en el cumplimiento de su deber de obrero, conduciéndose de un modo que los patronos tuviesen que decir: "¡Qué lástima que este hombre tenga esas ideas!" Recuérdese que cuando aún Iglesias era un chico y no existía la Internacional, en los comienzos del año 1868, perdió su puesto en la imprenta donde se estampaba la *Gaceta*, por expresar su indignación ante el atropello que iba a cometerse con otros compañeros.

Durante este tiempo (1874-1882) trabajó como jornalero, como destajista, como corrector y como regente o encargado. Ocupando la última categoría —que es la suprema en el oficio— muy a satisfacción del patrono, dejó el trabajo por no sancionar lo que consideró injusticia, y fue que el dueño ordenó que los operarios pagaran de su bolsillo los tubos de quinqué que se rompieran en las veladas. Ocurría esto hacia el año 1879, y en aquel trance tuvo suerte, porque a poco de haber dejado aquella imprenta entró con plaza fija en el diario *La Iberia*, donde comenzaba a escribir José Sánchez Guerra.

Vivía Iglesias cuidando de que a su madre no le faltara nada, y ella se miraba en su Paulino, tan formal, tan buen hijo. Vivían en un cuarto interior del piso tercero de cierta casa de corredor de la calle de la Comadre —casa que aún está en pie—, donde se albergaban gentes de condición humildísima: menestrales, cigarreras, vendedoras y vendedores de la cercana plaza de Lavapiés; gentes, por cierto, que estimaban a la madre y al hijo, honrados, enemigos del bullicio y buenos vecinos, dispuestos siempre a ser útiles a todos.

Era una habitación de cuatro piezas, grandes, como de casa antigua. Dos alcobas, la cocina y una sala. En aquella sala cabía bien la cómoda, una mesita de pino baja y otra junto a la ventana que daba al corredor. Era esta mesita de caoba y en ella había papeles y libros bien limpios y ordenados, más tintero y plumas. ¡En aquella mesita, alumbrada entonces de minúsculo quinqué de petróleo, trabajó Iglesias más de treinta años!

Junto a ella se sentaba la buena madre para sus labores de zurcir, repasar y remendar la ropa, que su Paulino procuraba no manchar ni destrozar, y si no tenía que coser ni trajín en la cocina, para mirar calladita a su hijo mientras éste leía o escribía.

Cuando, ya tarde, "acabada la junta", llegaba Iglesias y después de besar a su madre, ya en la cama, se sentaba para leer o para escribir, ella seguía atenta el paso de las horas en el reloj de las Ecuelas Pías de San Fernando...

—Paulino, hijo, acuéstate que es muy tarde.

No estaba bueno Iglesias. Algunas veces echaba sangre por la boca, y la señora Juana se afligía acordándose del pobre Manuelín. Iglesias venció estos amagos y también combatió alguna otra enfermedad, haciendo gimnasia y siguiendo sin vacilar el régimen que le recomendaron médicos amigos, entre ellos el doctor Jaime Vera. Su voluntad le hizo vencer a las dolencias.

También la señora Juana estuvo enferma de cuidado alguna vez, y en momentos de penuria, porque Iglesias había comenzado a trabajar tras de una larga temporada de paro. Por esto no hubo más remedio que llevar la enferma al hospital, en sala de pago.

Iglesias, que cuidaba de la limpieza de su ropa y calzado, que en el Hospicio había aprendido a barrer y a hacerse la cama, no necesitó a nadie, salvo a una buena vecina que le lavase la ropa y le preparara el desayuno.

Tenía la señora Juana —sola todo el día— un jilguero que la saludaba con sus trinos y moviéndose alegre en la caña. Cada mañana Iglesias, antes de ir al trabajo, limpiaba la jaula, poniendo en ella agua y cañamones quebrantados. Y ocurrió que el primer domingo, cuando cogió la jaula, vio que el pajarillo había muerto, seguramente de tristeza al no ver a su amita...

¿Qué hacer? Cogió el cuerpecillo rígido, y, sin darse cuenta, se lo echó en el bolsillo de la americana. Estuvo en el hospital para ver a su madre, para llevarle bizcochos y para hablar con ella.

La señora Juana preguntó por el jilguero; Iglesias mintió, diciendo que estaba bien. Se acabó la visita; Iglesias fue a un descampado que había entonces junto al Hospital y con una navajita, un pedazo de piedra y las manos cavó un hoyo hondo, envolvió al animalejo en el pañuelo y le cubrió de tierra. ¡Sintió entonces que los ojos se le humedecían!

En la alcoba de Iglesias había unas tablas, sujetas por palomillas, con libros, folletos, periódicos bien dobladitos y carpetas de papeles. Estas tablas iban llenándose con lo que Iglesias compraba y con lo que Mesa enviaba desde París, donde ya estaba Lafargue, que con Guesde y Gabriel Deville creaban el Partido Obrero, fundado en Marsella el año 1879.

En la mesita o sobre alguna de las tablas —que luego fueron estante y más tarde armario de dos cuerpos— estaba el fragmento de un libro de Engels titulado *Socialismo científico y socialismo utópico*. De Deville había una reducción de *El capital*, con el *Estudio acerca del socialismo cientí-*

fico que la precede, más la serie de conferencias llamada *La evolución del capital*. Lafargue aparecía con *El materialismo económico de Carlos Marx* y *El derecho al ocio*. Y era Guesde el más representado, porque allí estaban *El catecismo socialista*, *El programa de los socialistas revolucionarios*, *La ley de los salarios y sus consecuencias*, *Colectivismo y revolución*, *La República y las huelgas* y *El programa del Partido Obrero*, escrito éste en colaboración con Lafargue.

Además, en *L'Égalité* de 1881 —de la que fue redactor por España José Mesa y corresponsal literario Iglesias— insertaba escritos de propaganda y de polémica, que tenían un valor permanente, y de ellos se tradujeron al castellano, andando el tiempo, *La autonomía*, *La jornada legal de ocho horas*, *Justicia e injusticia del cambio capitalista* y *La religión del capital*, de Lafargue, y *El colectivismo en el Colegio de Francia*, de Guesde.

Casi todos estos trabajos eran de difusión y vulgarización, claros, sencillos, conteniendo verdades elementales expresados de modo categórico, sin distingos ni atenuaciones, donde —principalmente en Guesde— la doctrina aparece seca, tajante, acaso árida, como reaccionando violentamente contra la palabrería, la oquedad y la confusión ambientales.

Fue Guesde quien de una manera decisiva influyó en el pensamiento del socialismo español, que también tenía que reaccionar contra la garrulería de los partidos populares y hasta de las clientelas no populares, y fue Guesde, tanto por reflejo de la amistad fraternal que se profesaron siempre él y Mesa —que en los días de extrema penuria partía su pan con el apóstol francés—, como por la semejanza de su personalidad moral con la de Iglesias.

Año 1882. Iglesias es el primero en aquel núcleo de amigos, y lo es —como hemos visto— sin haberlo ambicionado, aceptando los cargos para cumplirlos bien y puntualmente. Es el primero en el esfuerzo, el primero en el sacrificio, el primero en la vehemencia, el primero en la fe, el primero en el optimismo —o en la ausencia de pesimismo—, y como estas virtudes son contagiosas, como su superioridad no hiere a nadie, todos la reconocen. Y la declaran: ya se le llama *el Rubio* y se temen las admoniciones con que reprende la negligencia y la tibieza en el cumplimiento del deber.

Ahora que siempre de igual a igual, sin que en el grupo minúsculo hubiese idólatras ni eso que llaman incondicionales.

CAPÍTULO 4

PADECE PERSECUCIONES GUBERNATIVAS Y JUDICIALES, Y LOS PATRONOS SE CONFABULAN PARA NO DARLE TRABAJO

El viernes 3 de febrero de 1882 los 60 dueños de imprentas madrileñas que no se atenían a los jornales establecidos por las tarifas el año 1873 recibieron una comunicación cortesísima de la directiva del Arte de Imprimir pidiéndoles la restauración de aquellas tarifas y suplicando contestaciones antes del lunes 6.

Antes de este día, 30 patronos escribieron aceptando las tarifas, así que la huelga comprendió sólo a los otros 30, que ocupaban unos 400 operarios —componían el oficio por lo menos 1.200—. Y aun los 30 patronos reacios eran sólo 26, con 300 obreros, en la mañana del 7.

Además, se ha de hacer constar que el movimiento se produjo sin el menor desorden ni altercado.

Era, pues, una huelga de escasa importancia y nada peligrosa para la tranquilidad pública; pero la mayor parte de la prensa no lo entendió así, con lo que el gobierno de Sagasta se alarmó, o hizo como que se alarmaba.

Los directores de casi todos los periódicos se reunieron en la redacción de *El Liberal*, y también se congregaron los dueños de imprenta que no suscribían las tarifas, y cada uno de estos grupos nombró la correspondiente comisión que visitara al gobierno para pedirle que castigase con mano dura "aquel atropello", que garantizase "la libertad de trabajo" y que proporcionara obreros.

Además, los periódicos que pudieron publicarse —y alguno como *El Imparcial* no sintió los efectos de la huelga porque suscribió las tarifas— manifestaron su indignación. *El Liberal* —que pocos años antes naciera de un movimiento muy parecido a una huelga... con sabotaje— rechazaba indignado "toda imposición"; y *El Imparcial* recordaba, muy oportunamente, que el artículo 556 del Código Penal castiga la "coligación para alterar abusivamente el precio de las cosas".

El Gobierno atendió bien a los patronos. El mismo día 7 se celebró consejo extraordinario para tratar exclusivamente de esta huelga de 300 operarios, acordando: prender y procesar a la junta directiva; poner a disposición de los patronos los operarios de las imprentas de Guerra, de Marina y de los asilos, y telegrafiar inmediatamente a todos los gobernadores civiles para que "con la mayor urgencia" buscaran obreros y los enviasen a Madrid.

Publicó *El Liberal* del día 8 noticia de lo acordado en aquel insólito Consejo de Ministros, y aun con la certeza de ser detenidos, los miembros de la directiva se reunieron en el local social para nombrar sucesores, y allí mismo se los prendió antes de que pudiesen tomar acuerdo.

Es decir, se prendió a casi todos, porque el tesorero estaba en sitio seguro, así como los fondos, cuyo secuestro pedía *El Imparcial.* Pasase lo que pasara, cada huelguista cobraría puntualmente el subsidio.

Se llevó a los detenidos al Ministerio de la Gobernación —donde estaba entonces el juzgado de guardia— y se los encerró en una especie de pasillo sin asiento alguno, y allí estuvieron hasta la madrugada del día 9, en que, después de haber declarado, fueron llevados "discretamente" a la cárcel de hombres —llamada el Saladero— en departamento de presos políticos o distinguidos.

No ocurrió esto sin que antes, y por intervención de Ducazcal, se celebrara una entrevista sumamente pintoresca de Iglesias y dos secretarios del Arte con el ministro de la Gobernación —Venancio González—, el subsecretario y el gobernador civil —conde de Xiquema—. Creían estos señores, y más que ninguno el ministro, que iban a entendérselas con unos pobres diablos, asustados por todo aquel aparato de prisión y declaraciones ante el juez, y se encontraron con que el ministro tuvo que tragar saliva y reconocer que no estaba enterado, y quizá los tres personajes oyeron las carcajadas de Iglesias y sus dos colegas cuando tras ellos se cerró la puerta del despacho oficial, carcajadas que eran el final obligado de aquella escena verdaderamente grotesca... y repetida después infinitas veces.

En la cárcel celebraron sesión los presos y transmitieron sus poderes a la mesa de discusión.

El día 18 el juez puso en libertad a los detenidos por no hallar motivo para su encarcelamiento, y hasta veladamente se disculpó de lo ocurrido, de lo que él no tenía culpa; mas no duró mucho la libertad, porque el día 1.º de marzo volvió la directiva a la cárcel para salir el 6 y sufrir nueva detención el 27 para estar encerrados hasta el 31 de mayo, saliendo entonces en libertad bajo fianza.

En uno de los días de libertad, el gobernador civil llamó a Iglesias a su despacho para *mandarle* que en el acto diese orden de concluir la huelga.

Iglesias le hizo saber que él carecía de autoridad para dar tal orden; pero, aun cuando la tuviera, no lo haría, porque la huelga estaba virtualmente ganada, como lo demostraba aquella misma gestión tan... extraña.

El gobernador entonces amenazó a Iglesias con enviarle al Saladero hasta que allí se pudriese; mas no realizó la amenaza.

El segundo juez sirvió mejor que el primero al gobierno, porque procesó, pidió fianzas en metálico cuantiosas, y cuando, por fin, se avino a decretar la libertad provisional bajo fianza personal, después de dar la noticia a los procesados, les dijo frunciendo el ceño:

—Me figuro que ahora no les quedarán a ustedes ganas de volver a meterse en "líos"...

—Ya que así nos habla el señor juez —interrumpió Iglesias—, me atrevo a suplicarle que nos diga si nuestro proceso ha concluido y se nos ha condenado...

—¿Es usted el señor Iglesias? —respondió confuso y azorado el juez.

—Sí, señor.

—Pues, mire usted, no hablemos más de estas cosas.

Siguió el proceso sus trámites, defendió Pi y Margall a los acusados, e Iglesias fue condenado a cinco meses de cárcel y dos de sus compañeros a tres.

En la primavera de 1884 el Tribunal Supremo confirmó la sentencia, y por el mes de julio se ordenó la "busca y captura" de los condenados, presentándose en la cárcel los dos compañiertos de Iglesias, pero no éste.

Se estaban celebrando juntas generales en el Arte de Imprimir y se había presentado una proposición para pedir al gobierno el indulto de los sentenciados.

Aquello no podía ser. Iglesias estuvo escondido hasta el día de la junta; asistió a ella, combatió la proposición, poniendo en sus palabras tanta sinceridad, tanta vehemencia, tanta emoción, tanta razón, que los bienintencionados autores de ella la retiraron. El día siguiente se presentaba Iglesias en la recién inaugurada cárcel Modelo para cumplir los meses de encierro.

Felipe Ducazcal visitó a Iglesias en la celda de la cárcel para hablarle del indulto, que era cosa hecha si él se lo pedía a don Francisco, otra vez ministro de la Gobernación. No insistió ante la resolución de Iglesias.

—Bueno, tú sabes mejor que yo lo que os conviene...

En la cárcel no perdió el tiempo nuestro héroe.

La huelga —huelga ganada— tuvo resonancia extraordinaria por la desaforada intervención del gobierno, por el absurdo clamoreo de la prensa y hasta por aquella circular telegráfica ordenando a los gobernadores civiles que reclutasen operarios y los enviasen a Madrid.

En Madrid se acercaron a Iglesias y a sus amigos hombres de otros oficios, de los que salieron los organizadores de las sociedades de obreros en hierro y de entidades de otras profesiones, que fueron creándose poco a poco. Además, el Arte de Imprimir, ya en relaciones con elementos hermanos de provincias, contribuía a que naciesen organismos, y en Barcelona surgía la idea de fundar una Federación Tipográfica. Y, en efecto, puestas al habla las futuras secciones, se acordó celebrar un congreso en Barcelona el día 29 de septiembre para discutir y votar estatutos y reglamento, cuyo proyecto presentaría Madrid, que para ello nombró una ponencia de cinco compañeros, entre los que estaba Iglesias.

Se celebró el congreso, asistiendo a él 20 representantes de 17 núcleos, con unos 2.400 afiliados. Fue Iglesias el alma del congreso, que votó estatutos y reglamento y acordó que el Comité Central residiese en Barcelona. El siguiente congreso se celebraría en Valencia dos años después, o sea, en 1884.

Un mes antes de constituirse la federación se reunió, también en Barcelona, otro congreso de trabajadores convocado por un Centro Federativo de Sociedades Obreras de la misma ciudad, que no estaban conformes con la Federación Regional, rehecha un año antes.

Se llamó a este congreso a todos los núcleos obreros sin exclusión alguna, con la mira de procurar la unión de todas las tendencias para el logro del bien general.

Acudieron al llamamiento 88 entidades –catalanas casi en su totalidad–, representadas por 119 delegados, entre los que estaba Iglesias, enviado por las Agrupaciones Socialistas de Madrid y Guadalajara.

No fue elegido miembro de ninguna ponencia, pero en los debates intervino de modo preponderante.

Fue aquél un congreso platónico. Se votaron unos estatutos para una especie de confederación obrera llamada Asociación Nacional de los Trabajadores, cuya finalidad era reunir a todos los de España para "mejorar progresivamente sus condiciones sociales y económicas y oponerse a la creciente explotación de la burguesía". Se formuló el programa de un Partido Democrático Socialista Obrero, que era el mismo del partido ya constituido en Madrid, Barcelona, Guadalajara y Málaga. Se votó un programa de legislación "inmediata" del trabajo. Se acordó reclamar la enseñanza integral laica, libre, gratuita y obligatoria, y en un manifiesto se recomendó a los trabajadores que ingresaran en el Partido Socialista Obrero.

Hubo en este congreso –de discusión serena y leal– una minoría de delegados anarquistas –algunos de los cuales llevarían a los ámbitos de Europa ayes de dolor y clamores de justicia en 1897–, y al terminar las tareas, Francisco Solé, en nombre de todos, saludó a los compañeros de la mayoría, considerándolos "como hermanos, no obstante la diferencia de principios, y teniendo como un grande honor respetarlos y ser de ellos respetado". A más del presidente de la sesión, fue Iglesias quien contestó al caballeroso adversario, haciéndolo en términos que emocionaron a la asamblea.

Ahora que ni llegó a fundarse la tal asociación nacional, ni por efecto del manifiesto afluyeron muchos de los partidarios al grupo socialista de Barcelona.

Pero tanto este congreso como aquel en que se constituyó la Federación Tipográfica pusieron a Iglesias y a los que como él pensaban en contacto estrecho con hombres de diversas poblaciones, elegidos entre los mejores por el respectivo organismo mandatario y los más resueltos a luchar por el mejoramiento de la clase trabajadora.

Anhelaban Iglesias y sus amigos predicar la buena nueva donde fuese oída de muchos y no solamente de los adeptos y de algún catecúmeno; mas para esto se necesitaba una propaganda costosísima y algún motivo o pretexto que despertase la curiosidad pública. Realmente, si era esto imposible, no lo era aprovechar cuantas coyunturas se presentasen, y se aprovecharon.

El Fomento de las Artes —un benemérito ateneo de las clases medias y de obreros— abrió discusión acerca de la cuestión social; a ella acudieron los socialistas y también los anarquistas, culminando los debates con la polémica entre el fundador de la Internacional, Enrique Borrel, y Pablo Iglesias, los dos apasionados, elocuentes y dialécticos formidables.

Trascendió la fama de los oradores, y las sesiones semanales en que se discutía veíanse concurridísimas, y entonces El Fomento de las Artes encargó a Iglesias que explicase una conferencia. Lo hizo, suscitando sus juicios aplausos y protestas en el auditorio, y sólo protestas desaforadas en dos o tres diarios que dieron cuenta del acto.

También por aquellos años (1883-1884) los anarquistas madrileños organizaron unas reuniones dominicales de discusión y propaganda, y a ellas acudió Iglesias para defender sus ideas frente a las de sus antiguos compañeros de la federación madrileña de la Internacional.

Pero la ocasión más resonante la ofreció el gobierno. Ocurrió que al gabinete de Sagasta se le fue la mano, no ya en el castigo impuesto por el asesinato de un hombre en Andalucía, dicen que cometido por cierta organización obrera llamada "La Mano Negra" —15 condenados a muerte; centenas de hombres a presidio, donde algunos estuvieron hasta el año 1903 y aplicación de tormentos para arrancar declaraciones—, sino en fusilar sargentos sublevados por la República, y esto le hizo impopular, por lo que dimitió.

Y como llamar a Cánovas era algo violento, se dio el poder a unos hombres que constituían un partido llamado "izquierda dinástica", casi todos de significación radical.

Moret fue ministro de la Gobernación y creó en su departamento una "comisión para el estudio de las cuestiones que afectan a la clase obrera" (diciembre de 1883), que fue el embrión del Instituto de Reformas Sociales y del Ministerio del Trabajo, nombrando presidente de ella a Cánovas.

En enero de 1884 cayó *parlamentariamente* este gobierno de la izquierda dinástica, volviendo a mandar Cánovas, que cedió la presidencia de la comisión a Moret, el cual abrió una información pública, oral y escrita, sobre "el estado y necesidades de las clases trabajadoras".

Por el Arte de Imprimir, por otros dos organismos de tipógrafos, por las sociedades de obreros en hierro y de carpinteros, más la Agrupación Socialista de Madrid, se resolvió acudir a la información, considerándola como tribuna incomparable para la crítica del régimen capitalista y hasta de la política de los gobiernos, y también para la exposición de ideales.

Se efectuó en Madrid la información a fines de 1884 y principios de 1885. En la cárcel redactó Iglesias el informe escrito de la Asociación del Arte de Imprimir, y el 11 de enero de 1885 informó oralmente por la Agrupación Socialista madrileña.[1]

En la primera sesión —se celebraron todas en el paraninfo de la universidad—, García Quejido, en nombre de los tipógrafos, carpinteros y cerrajeros que iban a informar, declaró que nada esperaban de la comisión, por grande que fuese la buena voluntad de ésta, porque las reformas sociales —que en todo caso no son más que paliativos— dependían de la acción orgánica de los obreros. El mayor bien que ella y los gobiernos podían hacer a la clase trabajadora era ensanchar los derechos políticos y, sobre todo, respetarlos y hacerlos respetar.

Iglesias, que hubiese hablado en nombre de todos de no haber estado cumpliendo condena cuando comenzó la información, habló en el mismo sentido que su amigo, cuando informó.

La actual sociedad se divide en dos clases antagónicas: clase capitalista y clase obrera, no siendo el clero y la nobleza otra cosa que ornamentos de la primera.

Opuestos los intereses de una y de otra clase, la obrera no logrará más mejoras que las que ella imponga por la fuerza de su organización, y aun después de logradas habrá de luchar y vigilar para el cumplimiento de ellas.

Para organizar a la clase trabajadora, así para la lucha por mejoras obtenidas directamente de los patronos —lucha económica—, como para la conquista del poder y la emancipación total —lucha política—, son necesarias las libertades, y por alcanzarlas se pelea...

Por entonces había ya trascendido la fama de Iglesias, y así aquella tarde entre el auditorio obrero que llenaba los bancos veíanse hombres que por el porte y el ademán parecían de otra condición social, y en el estrado, presidido primero por Gumersindo Azcárate y después por Segismundo Moret, se agolpaban prohombres calificados en el estudio de estos asuntos que hoy llamamos sociológicos.

Desde entonces la personalidad de Iglesias comenzó a tener relieve fuera de los medios obreros y ser considerada por los doctos como merecedora de respeto, así por la doctrina como por la elocuencia y por la conducta.

Los días que hubo de faltar al trabajo por causa de la huelga más las sucesivas prisiones preventivas hicieron que Iglesias perdiera la plaza en *La Iberia*, y el final del año 1882 y todo el año 1883 fueron para él y para la pobre señora Juana de suma estrechez.

Los patronos impresores parecían haberse confabulado para no darle trabajo, y no pocos obreros los secundaban por temor a tener a Iglesias como compañero, temor no justificado, porque Iglesias, para rechazar una injusticia o un atropello, jamás solicitó el auxilio de nadie.

Este asedio por hambre, que tantos y tantos han sufrido, es mil veces peor que las persecuciones de los gobiernos, que dan prestigio, mientras que querer trabajar, saber que hay trabajo y verse rechazado es tragedia silenciosa.

Por fin el año 1884 tuvo trabajo en la mejor imprenta de Madrid y acaso de España entonces: la que fundara Manuel Rivadeneyra. Pero los atropellos del señor que dirigía la casa determinaron una huelga del personal en octubre de 1885, y a partir de aquel momento sólo muy contados días trabajó Iglesias para un patrono.

En el congreso de la Federación Tipográfica celebrado en Valencia, se acordó trasladar a Madrid la sede del Comité Central, y en enero de 1885 era Iglesias elevado a la presidencia.

A mediados del año 1882 elementos del Partido Obrero acordaron fundar un semanario que se llamaría *El Socialista.* Para su publicación se emitieron 3.000 acciones de una peseta.

Y en el mes de enero de 1886 se acordó publicar el semanario, y entonces cambió la vida de Iglesias.

¡Ya era hora, porque de haberse prolongado aquella situación angustiosa hubiera tenido que salir de Madrid, como había salido García Quejido, como habían salido otros compañeros!

NOTAS

1. El informe escrito de la agrupación lo redactó el doctor Jaime Vera, y de él se han hecho cuatro ediciones.

CAPÍTULO 5

FUNDACIÓN DE UN SEMANARIO, DE LA UNIÓN GENERAL DE TRABAJADORES Y DE UN PARTIDO YA ORGÁNICO. NOTICIAS INTERESANTES

La fundación de algunos núcleos socialistas, y más que nada la precaria situación política creada por la muerte de Alfonso XII en noviembre de 1885, hicieron pensar en que debía acometerse la publicación de *El Socialista*, aun no habiéndose reunido más que 927 pesetas en tres años y medio.

Los afiliados dueños de acciones del futuro periódico celebraron junta en enero de 1886 para acordar la fecha en que aparecería el primer número, nombrar los hombres que habrían de componer los consejos de redacción y de administración y determinar el programa y la conducta que debería seguirse. He aquí las bases que se aprobaron, propuestas casi todas por Iglesias:

> *Base 1.ª* — Defender las doctrinas consignadas en el programa del Partido Socialista Obrero [...], y procurar la organización de los elementos que lo adopten por bandera.
>
> *Base 2.ª* — Apoyar resueltamente todo movimiento de resistencia, o, lo que es lo mismo, la lucha económica por la huelga contra los poseedores de los medios de producción.

Base 3.ª — Propagar constantemente el principio de asociación entre los obreros [...]

Base 4.ª — Combatir a todos los partidos burgueses y especialmente las doctrinas de los avanzados, si bien haciendo constar que, entre las formas de gobierno republicana y monárquica, *El Socialista* prefiere siempre la primera.[1]

El doctor Jaime Vera disintió radicalmente de la base última. Se debía combatir principalmente a los gobiernos y a los partidos propulsores de medidas reaccionarias; no a los republicanos, que en lo político podían llamarse afines. Para éstos, benevolencia, por lo menos en tanto no fuesen partidos gobernantes y sí elementos y aun impulso de libertad, de respeto al derecho y de progreso.

Se discutió, prevaleció lo propuesto por Iglesias, y Vera se retiró de la vida activa.[2] Con él se fueron algunos hombres de mérito, de los cuales sólo uno volvió al cabo de muchos años (1901): Francisco Mora.

Se eligió a cinco tipógrafos para formar la redacción, y como por la ley el periódico debía tener un director, se colocó a Iglesias en este puesto.

El semanario comenzó a publicarse a mediados de marzo, pero antes Iglesias hizo un viaje de propaganda por Cataluña y Andalucía.

En lo futuro, Iglesias dedicaría toda su actividad al periódico y a la organización, señalándosele un jornal semanal de 30 pesetas.

Se realizó una campaña de propaganda, como sabemos, de la que resultó la organización o la reorganización de unos diez núcleos minúsculos sobre los que ya había.

Fue la excursión rápida y reducidísima por escasez de dinero, tanta, que como un médico de Mataró, director de un semanario federal local, retara a Iglesias a controversia oral, para que nuestro hombre pudiera acudir a ella fue preciso tomar de los míseros fondos de *El Socialista* las 126 pesetas que importaban los gastos de viaje y las dietas.

Esta campaña tuvo, naturalmente, sólo una resonancia local; no así el término de ella, que consistió en un mitin celebrado en Madrid en un teatro de verano en tarde frigidísima de noviembre de 1886, mitin que trajo otro aparejado.

Iba teniendo ya Iglesias renombre de orador y de orador claro y rotundo, y así el teatro —cedido por su empresario Ducazcal— se había llenado, y la concurrencia aguantaba a pie firme aquella temperatura de helada. Cuando le fue concedida la palabra, dirigiéndose a los periodistas, dijo:

> Después de esta grandiosa reunión, id a contar a Moret y a los demás prohombres burgueses que combaten las ideas socialistas, cómo los trabajadores acuden en número infinitamente mayor cuando son llamados por los que profesamos estas ideas que cuando los convocan los burgueses para adormecerlos con sus promesas. ¡Escribe, prensa asalariada de la burguesía, cuanto se te antoje contra el socialismo, que nosotros no cejaremos en demostrar a los trabajadores la bondad del ideal del Partido Obrero! [...]

Algunos periodistas protestaron y hubo tumulto. Iglesias volvió a dirigirse a ellos, exclamando:

> Mentira parece que vosotros, los que a cada momento nos dirigís toda clase de burlas y de sarcasmos, no toleréis nuestros términos, mucho más comedidos que los vuestros.

La prensa, como es natural, nada dijo del discurso de Iglesias. Mas un diario republicano —a quien la mil veces execrable política de corrupción empleada por Sagasta y su ministro de la Gobernación, Moret, había quitado ya cuatro o cinco redactores— afirmó que la reunión había sido preparada por el ministro de la Gobernación y patrocinada por el gobernador, y que en ella nada se había dicho contra la monarquía.

Y entonces se convocó a nuevo mitin, invitando al periódico a que probara sus afirmaciones. Habló únicamente Iglesias, no asistió redactor alguno del diario, superó la concurrencia en número a la del domingo anterior y no hubo en la prensa reseña de lo ocurrido, aunque sí un suelto de cierto diario, donde se llamaba a estos actos "especie de novillada filosófica", suelto que terminaba así:

> Cuando salían del mitin de ayer no faltó quien observara que algunos de los más elocuentes oradores se abrigaban con recios gabanes, mientras muchos oyentes iban sencillamente vestidos de blusa.
>
> ¡Ah! Si las teorías de los que hablan hermosamente se tomaran en serio, ¡cuántos oradores se quedarían en la calle de Toledo sin gabanes!

Nacieron entonces dos leyendas que acompañaron a Iglesias muchísimos años: la de que estaba vendido a los gobiernos monárquicos y la del gabán, que al poco tiempo ya tenía forro de pieles.

Volvamos al periódico.

Era Iglesias director de él y sólo uno de sus colegas le pudo ayudar en las primeras semanas, porque tres de los tipógrafos nombrados, por ser compañeros de huelga de Iglesias, hubieron de emigrar. Se les reemplazó con otros tres tipógrafos, de los cuales ninguno se consideraba capaz de más faena literaria que la subalterna de traducir o la de poner en un castellano tolerable las cartas y noticias que de acá y de allá enviaban pobres obreros.

Quedó hecha una especie de división del trabajo: el redactor primeramente nombrado —Matías Gómez— ayudaría a Iglesias en escribir sueltos y artículos en polémica, los otros tres trabajarían en aquello para lo que se habían ofrecido, e Iglesias trataría lo doctrinal y haría lo que los demás no hiciesen.

Fue desde luego *El Socialista* un periódico de clase contra clase, áspero, hostil a todos, intransigente, escrito en lenguaje claro, duro más bien, y despojado de todo adorno y sensiblería... Había que realizar un trabajo considerable e implacable de diferenciación y se realizó; había que reaccionar contra la garrulería de políticos que hablaban de República, democracia, revolución, etc., para luego quedarse en la supresión de los consumos, y se reaccionó.

El periódico estuvo en manos de Iglesias siempre —aun en los días en que no era director de él—, y el periódico ha sido poderosísimo elemento de educación.

Se publicó previamente un número-prospecto exponiendo las ideas y los propósitos del semanario. De él son los párrafos que siguen, donde hay a veces profecía:

> El primero y principal propósito de *El Socialista* será procurar la organización de la clase trabajadora en partido político distinto y opuesto a todos los de la burguesía, desde el más retrógrado al más avanzado, desde el absolutista al republicano federal.
>
> Aunque la lucha económica, la huelga, es incapaz por sí sola de librar a la clase trabajadora de la servidumbre a que está sometida por la burguesía, contribuye, sin embargo, poderosamente a preparar las fuerzas que han de lle-

var a cabo tamaña empresa. Ella ha sido la que ha puesto a la vista de los trabajadores la incompatibilidad de los intereses de éstos con los intereses capitalistas; ella la que ha dado a conocer a los proletarios el valor de su fuerza cuando están unidos; ella la que les ha hecho sentir la necesidad de una organización y una disciplina; ella la que crea entre los asalariados hombres capaces de administrar y dirigir agrupaciones numerosas; ella la que les demuestra que en las contiendas con los burgueses las ideas de autonomía y libertad tienen un valor negativo, sirviendo tan sólo para que se escuden tras ellas los cobardes; ella, en fin, la que señala el camino de la acción política [...]

Salta, pues, a la vista la conveniencia de que los que profesamos ideas socialistas apoyemos con todas nuestras fuerzas el movimiento económico obrero y contribuyamos a que se haga poderoso y firme [...] Además, hay otra razón de primer oden para que la lucha económica reclame de nuestra parte atención principal y poderoso concurso.

Por el indisoluble lazo que une la acción política obrera con el movimiento económico de esta clase, llegarán ocasiones, habrá momentos en que las sociedades de resistencia, como tales, se verán obligadas a apoyar la acción política, uniéndose entonces con el Partido Socialista Obrero, como las habrá también, por la intervención de los gobiernos, en que la lucha económica, al adquirir ciertas proporciones, se convierta en lucha política, en cuyo caso el Partido Socialista tiene marcado su puesto al lado de las sociedades de resistencia que mantengan contienda no sólo con los industriales, sino con el poder burgués.

Éstas fueron las normas que se trazó *El Socialista* en marzo de 1886, y a ellas, sin variarlas, sin modificarlas, sin atenuarlas, se atuvo Iglesias hasta el fin de sus días.

Veamos ahora al periódico reaccionando ante los acontecimientos.

En septiembre de 1886 se pronunció en Madrid por la República el brigadier Villacampa, que fue indultado de la pena de muerte. Juicio de *El Socialista*:

> La *cuartelada* ha sido la piedra de toque de unos revolucionarios que querían pasar como legítimos siendo de *doublé*, y esta evidencia acabará de empujar hacia el campo del socialismo a aquellos trabajadores que, desengañados de la vocinglera sofistería republicana, y deseando defender los intereses de su clase, aspiren a ser soldados de una revolución radical, no comparsas de una algarada burguesa.

En los comienzos de 1888 la compañía minera de Riotinto suprimió el medio jornal que abonara a los obreros el día en que por calcinarse al aire libre no se podía trabajar. El 4 de febrero acudieron pacíficamente los obreros ante el Ayuntamiento para pedir que éste interviniera cerca de la compañía para el restablecimiento del medio jornal. El jefe que mandaba la fuerza pública, sin intimación y sin provocación, mandó disparar a boca de jarro sobre los reunidos, matando a unos 30 e hiriendo de gravedad a más de 150. En protesta contra esta atrocidad espantosa *El Socialista* publicó unas líneas encabeadas con el epígrafe de "¡Asesinos!".

> Los mastines de la casta privilegiada, representados por un gobernador de provincia y un teniente coronel de ejército, han asesinado vil y cobardemente en Riotinto a una porción de hijos del trabajo, lo menos a una treintena de obreros, que, en unión de miles de compañeros suyos y de un modo pacífico, reclamaban modestísimas mejoras [...] Seguros estamos de que tanto la autoridad civil como la militar, que acaban de llenar de sangre y luto, en holo-

causto del bandidaje capitalista, la comarca de Riotinto, serán protegidas y ensalzadas por sus superiores jerárquicos [...]

En el verano de aquel mismo año 1888 ocurrió el famoso crimen de la calle de Fuencarral, que apasionó los ánimos, dividiendo a lo que llamaban "opinión" en sensata y en adversaria de la justicia histórica. El suceso, grandemente explotado por la prensa, llegó a ocasionar la salida de la presidencia del Tribunal Supremo de Montero Ríos, figurón del partido popular.

El Socialista dijo que en aquel asunto la prensa no perseguía la verdad, sino realizar grandes tiradas durante días y días. Esto aparte, cuanto decían de la justicia y más era cierto. Ni la justicia era igual para todos, ni los jueces podían proceder de acuerdo con su conciencia, ni en rigor había justicia, porque la existente estaba al servicio del poderoso.

El periódico fue denunciado, llegando a verse la causa. Iglesias no se cuidó de nombrar abogado —entonces no había ninguno en el partido—, defendiéndolo uno de oficio, un muchacho simpático, que hizo cuanto pudo por que el reo fuese absuelto, alegando principalmente los apremios de tiempo con que se escribe en los periódicos, por lo que la pluma suele ir más allá de donde quiere el pensamiento, etc.

Preguntado Iglesias por el presidente del tribunal juzgador si tenía algo que manifestar, respondió que sí, y lo que dijo fue dar las gracias al defensor y hacer constar de modo claro y categórico que todo lo dicho en el trabajo denunciado había sido meditado y escrito con plena conciencia, y que respondía exactamente a una convicción profunda.

La condena fue de dos o tres meses de prisión; pero antes de que llegara el momento de cumplirla hubo indulto o amnistía.

Uno de los compañeros nombrados para el consejo de redacción de *El Socialista* que hubieron de emigrar en 1886 para buscar trabajo fue el insigne militante Antonio García Quejido, óptimo, incomparable organizador, hombre de gran cultura, firme, resuelto, despojado totalmente de ambición, espíritu inquieto y gran amigo de Iglesias.

Este hombre extraordinario estuvo primero en Valencia, donde no perdió el tiempo, y cuando también allí le faltó trabajo se trasladó a Barcelona.

Y entonces pensó que debería crearse la Unión o Asociación Nacional acordada en 1882, y para ello nada mejor que reunir en Barcelona un congreso obrero amplísimo, aprovechando la circunstancia de celebrarse el año 1888 la Exposición Universal. Habló del asunto con un amigo, que encontró bien la idea, y se escribió a Iglesias, que se manifestó favorable a lo que se le decía. Él y el periódico harían cuanto pudiesen, pero a condición de que Quejido se encargara de recoger y conducir lo que se creara. Con la Federación Tipográfica —ya sabemos que la presidía Iglesias— casi se podía contar.

Y, en efecto, los días 12, 13 y 14 de agosto se celebró el congreso, en el que estuvieron representados 41 organismos (26 de ellos catalanes) por 25 delegados, de los cuales sólo dos no estaban avecindados en Cataluña. Uno de ellos era Iglesias, representante de las 13 secciones que componían la Federación Tipográfica con un total de 1.400 afiliados.

Se nombró una ponencia para que formulara el proyecto de organización, presidiéndola Iglesias y el proyecto fue aprobado, quedando, desde luego, constituido un organismo llamado Unión General de Trabajadores, a cuyo frente estaría un Comité Nacional, con residencia en Barcelona hasta el congreso siguiente.

El objeto del nuevo organismo era:

> *Primero.* Reunir en su seno a las sociedades, federaciones y uniones de resistencia.
>
> *Segundo.* Crear nuevas secciones de oficio y constituirlas en federaciones nacionales.
>
> *Tercero.* Mejorar las condiciones de trabajo.
>
> *Cuarto.* Mantener estrechas relaciones con las organizaciones obreras de los demás países que persigan el mismo fin que esta unión y practicar con ellas el principio de solidaridad.

Los medios serían:

> La Unión General se propone realizar su objeto apelando a la huelga bien organizada y recabando de los poderes públicos cuantas leyes favorezcan los intereses del trabajo, tales como la jornada legal de ocho horas, fijación de un salario mínimo, igualdad de los salarios para los obreros de uno y otro sexo, etc.

La presidencia del comité recayó en Quejido. La unión se constituyó a fines de 1888, pero sólo con 27 secciones y 3.355 federados.

La Federación Tipográfica había descendido a 11 secciones; aun así ésta representaba el 32 por 100 de las fuerzas, realmente insignificantes, de la naciente Unión General de Trabajadores.

La iniciativa para celebrar el congreso de que se acaba de hablar indujo a la Agrupación Socialista madrileña a proponer la celebración de otro, también en Barcelona, y en agosto de 1888, para constituir definitivamente el partido, dotándole de un organismo central.

Cayó bien la iniciativa; se encargó a Iglesias la redacción del proyecto de organización, y se celebró el congreso, asistiendo a él 18 delegados, representantes de 20 agrupaciones. Se retocó el programa, sin llevar a él modificación esencial alguna; se redactó y publicó un manifiesto y se votó la organización.

En el orden del día había dos asuntos más que tratar, a saber: "Actitud con los partidos burgueses" y "Conducta del partido en las huelgas". Resoluciones votadas:

> Que la actitud del Partido Socialista Obrero con los partidos burgueses llámense como se llamen, no puede ni debe ser conciliadora ni benévola, sino, como lo viene observando desde su fundación, de guerra constante y ruda.
>
> El Partido Socialista Obrero fomentará cuanto sea posible el movimiento de resistencia y apoyará con todas sus fuerzas las batallas que libren con los patronos las organizaciones obreras.

La organización era parecida a la de una federación de oficio. Sólo se admitía una agrupación en cada localidad; las agrupaciones habían de cumplir lo acordado en los congresos, que se celebrarían cada dos años. Se creaba un Comité Nacional, que se sostendría con una pequeña cuota de afiliados. El comité residiría en Madrid.

Y Madrid eligió para presidente de él a Pablo Iglesias, y presidente fue hasta el día de su muerte, en diciembre de 1925.

Nombrado el Comité Nacional, éste procedió a constituir el partido ya en firme.

¡Ay! De las 27 agrupaciones que parecía que existían en 1887, sólo 20 —como sabemos— estuvieron representadas en el congreso. Pues bien, de esas 20, nada más que 16 respondieron a los requerimientos del flamante Comité Nacional.

La señora Juana y su hijo tuvieron que dejar la ruidosa mansión de la calle de la Comadre. Iglesias necesitaba tranquilidad y silencio, y también otra luz que no fuese aquella, cansada, del corredor. ¡Tranquilidad, siempre tranquilidad, hasta el fin de sus días; tranquilidad para estudiar, para pensar, para trabajar!

Y todo lo encontraron en una casa semiconventual de la calle de San Cosme. Silencio turbado nada más que por el campaneo discreto de las monjitas vecinas de la calle de Santa Isabel, y luz y hasta sol a raudales entrando por la ventana abierta a un patio amplísimo.

Pero esa felicidad, llena de estrecheces, duró muy poco: el día 8 de diciembre del mismo año 1886 murió la pobre señora Juana, la madre buena y callada. Una pulmonía puso término a aquella vida de cariño y sacrificio.

Matías Gómez, el mismo amigo que treinta y nueve años después recogería el último aliento de Iglesias, fue quien en este trance atendió fraternal al hijo y quien cuidó de él en su casa —eran casi vecinos—, hasta encontrar un acomodo.

Y el acomodo fue guardar Iglesias los muebles indispensables y ocupar con ellos una habitación en la calle de Atocha.

Pero allí le faltaba lo que le fue siempre indispensable: tranquilidad, por ser de huéspedes la casa, y entonces Matías acogió a Iglesias en su hogar.

Allí enfermó gravemente en los comienzos del invierno de 1887, y como el médico le recomendara una convalecencia en clima templado, compañeros de Valencia le hicieron pasar en la gentil ciudad desde mediados de febrero a mediados de abril de 1888. Y entonces conoció a la mujer que años después sería la compañera de su vida.

Para Iglesias era Matías como un hermano, y su esposa como una madre, que hasta conocía los cuidados especiales "que requería el trastornado aparato digestivo del héroe"; mas éste pensaba que su presencia en aquel hogar ocasionaba muchas molestias, y cambió de residencia, trasladándose a la redacción de *El Socialista*, en la calle de Hernán Cortés.

Fue su alcoba el rincón de un pasillo, y colocó su mesa de trabajo en el ángulo de la enorme sala. Tenía allí tranquilidad, y disfrutaba de un silencio relativo, porque las dos pobres mujeres de la casa —viejas las dos— acrecentaban el jornal del jefe de la familia —un jornal de anciano— cosiendo para tiendas en máquina antiquísima. Las dos mujeres no abrían la boca en todo el día, atentas a retrasar con su trabajo el derrumbamiento de aquel hogar decrépito y también laborioso.

Que Iglesias viviese en la misma redacción tenía ventajas para la propaganda, porque, aunque muy de tarde en tarde, iban por allí suscriptores de provincias para abonar sus atrasos, y hasta individuos que querían saber lo que era el Partido e inscribirse en él, y, naturalmente, los visitantes generalmente salían de allí convencidos y resueltos. Iglesias adoctrinaba siempre y aconsejaba, y también ayudaba si se lo pedían.

Ocurrió que un albañil madrileño habló con Iglesias, y que éste le hizo ver cuán fácil era crear el embrión de una sociedad del oficio, y se creó el organismo sobre la marcha —el mismo que cuando se escriben estas líneas cuenta los afiliados por decenas de millar y los recursos pecuniarios por centenas de millar de pesetas—, redactando Iglesias el reglamento, que después sirvió para otras sociedades, un reglamento que podríamos llamar interino o provisional, que tenía dos artículos algo absurdos, y que, no obstante, eran fruto de la experiencia.

Por uno de ellos se vedaba la entrada en la sociedad a los anarquistas "por ser enemigos de la organización", y por el otro se disponía que si la sociedad podía ser disuelta en junta general y repartidos los fondos entre los asociados, el acuerdo no tendría validez si a la junta no asistía la directiva en pleno. Que Iglesias atinaba no tardó en verse, porque no bien hubo en caja unos centenares de pesetas y pocos asociados en el organismo, se celebró junta para disolverla; pero ocurrió que no estaban presentes ni el tesorero ni un vocal.

Sin embargo, en este caso padeció Iglesias una equivocación, y fue que procurando hacer un reglamento lo más anodino posible, para que las autoridades gubernativas no le pusiesen reparo, éstas pasaron el asunto al juzgado, y el pobre fundador visitó la cárcel. El juez encontró bien el reglamento; pero en tanto un ciudadano candoroso había adquirido la tristísima, la demoledora experiencia de que en España los derechos políticos son cosa de puro adorno, y muy peligroso el ejercicio de ellos.

Por aquellos días mandaban los liberales; pero lo mismo habría ocurrido de mandar los conservadores.

Iglesias no sólo recibía visitas de futuros partidarios o de simples curiosos, sino que también el correo le traía cartas preguntando, y todas ellas tenían respuesta clara y detallada... Por entonces, y para facilitar la tarea de los posibles organizadores, se imprimieron en un folletito de 10 céntimos las leyes de reunión y de asociación, que si daban a los organizadores la seguridad de pisar terreno firme, maldito si este conocimiento servía en muchos trances para algo más que para irritar a "las autoridades", bien seguras de su impunidad...

Año 1888. Iglesias es director de un semanario, preside el Comité Nacional del Partido Socialista, y también la Federación Tipográfica, que es el organismo preponderante en la Unión General de Trabajadores. Dirige este organismo en Barcelona Antonio García Quejido, personalidad relevante y vigorosa, hombre nada propicio a ser manejado por otro, mas identificado en absoluto con Iglesias.

Iglesias llegó a esos puestos —lo hemos visto— de un modo que podríamos llamar fatal, porque ni él los pretendió ni indujo a nadie para que le diera su voto. Tuvo el de los más por ser el primero en el sacrificio y por ser la suya la voluntad más firme y recia.

No tropezó con rival alguno, porque nadie tuvo, como él, las condiciones necesarias para realizar el difícil cometido de hombre-nexo, que concierta voluntades y actividades dispersas. Además, ninguno de los cargos que ocupó —y les cuadra bien el nombre de *cargos*— era apetecible.

Llegó a los puestos sin adular a nadie; fue afable con sus colegas, sin que jamás se alterase una perfecta igualdad; pero esto no le impidió ser duro para pedir el cumplimiento del deber, y podía serlo porque él daba ejemplo. Además, poquísimas veces floreció en sus labios el elogio. Se le quería y respetaba, pero también sin adulación y sin abdicación del propio sentir. Por aquellos días, cuando en las ausencias los íntimos se referían a él, seguían llamándole *el Rubio* y a veces —pocas— *el General*.

Influyó siempre en las elecciones para cubrir cargos,

hasta buscando hombres, decidiendo a los sumisos, propagando candidaturas y formándolas con el auxilio de otros... ¿Hizo bien? ¿Hizo mal? ¿Influyó siempre para que ocuparan los puestos los mejores, los más útiles? ¿No pudo alguna vez haber tomado por adhesión a las ideas lo que no era sino adhesión a su persona? En todo caso era un hombre superior, pero hombre al cabo.

NOTAS

1. La razón de esta diferencia está explicada así en el preámbulo de la *base*: "La controversia de doctrina claro es que ha de ser más acentuada con los llamados partidos avanzados por una razón sencillísima: los partidos monárquicos no pretenden ya, y si alguno lo pretende lo hace sin resultado, nutrir sus filas con elementos trabajadores; sus doctrinas están juzgadas por éstos, y no hay peligro de que les presten como clase el concurso de sus simpatías".

2. En febrero de 1890 la democracia socialista asombró al mundo con el millón y medio de votos logrados en las elecciones generales y los 37 diputados enviados al Reichstag. Lleno de entusiasmo, Vera visitó a Iglesias para felicitarle y felicitarse, y en aquella ocasión declaró que el socialismo español prosperaría gracias a la intransigencia, "a la mil veces bendita intransigencia".

CAPÍTULO 6

PABLO IGLESIAS, DIRECTOR DE UN PERIÓDICO SIN LECTORES Y PRESIDENTE DE UN PARTIDO SIN PARTIDARIOS, EN UN PAÍS SIN CIUDADANOS

Apareció *El Socialista* mediado el mes de marzo en 1886; en agosto del mismo año, el consejo de administración hacía saber que se habían gastado todas las pesetas del capital inicial, que el periódico distaba mucho de cubrir gastos y que se debía al almacén de papel una cantidad considerable.

El problema tenía dos soluciones: matar el periódico, una; disminuir los gastos, otra. Se adoptó la segunda solución. Se rebajó a 15 pesetas semanales la retribución de Iglesias; se resolvió que compusieran gratis el molde los cajistas que a ello se prestaron y se abrió una suscripción permanente para el sostenimiento del semanario. (Las otras 15 pesetas de la mísera retribución de Iglesias se vería de reunirlas, entre los amigos, y, en efecto, se reunieron.)

Entró en vigor esta reforma en agosto de 1886; hasta mayo de 1902 no se pudo pagar totalmente la composición del molde, y la suscripción para completar las 30 pesetas semanales de Iglesias duró hasta 1893 o 1894; ahora que mucho antes ya había periódico que le llamaba "tipógrafo honorario". Después fue "vividor", "explotador de las cuotas de obreros engañados" y otras cosas parecidas.

La verdad es que el periódico no se leía y cuantas tentativas se realizaban para difundirlo eran baldías, porque no interesaba, ni Iglesias hacía nada por sacarle del tono serio, machacón, de puro razonamiento, sin la menor concesión a lo ligero, o a lo gárrulo, a lo sentimental.

Se predicaba y se preconizaba en él la acción política y la acción "económica", esto es, el ejercicio sistemático y no interrumpido de todos los derechos, tanto para la educación cuanto por considerarlos como instrumentos de progreso y mejoramiento, y, sin decirlo, se procuraba llevar al ánimo en todos la idea de que jamás hubo ni habrá redentores, debiendo esperarlo todo del esfuerzo propio concertado con el esfuerzo de los hermanos de supeditación y de miseria.

Para infundir al obrero un aspérrimo espíritu de clase, *El Socialista* no perdía ocasión de hacer notar claramente cómo en las repúblicas se explotaba y vejaba al proletario igual que en las monarquías; cómo en aquéllas se cometían legalmente crímenes sociales tan tremendos como el de Chicago en 11 de noviembre de 1887, y cómo entre los patronos de ideas republicanas y los de ideas monárquicas no se advertían diferencias en lo que respectaba a conducta con los asalariados. Este mismo criterio se extendía a los partidos republicanos españoles y a los hombres de ellos, siempre vigilados, para pregonar sus debilidades y hasta sus palabras cuando éstas eran adversas al interés de las clases trabajadoras.

Además, fue siempre achaque de los republicanos españoles —sean salvadas las excepciones como Pi y Margall— abandonar totalmente lo que podríamos llamar educación ciudadana, para entregarse desaforadamente al cultivo del lenguaje violento y a la invocación de un acto de fuerza como único medio de realizar los ideales, y como *El*

Socialista hablaba un día y otro, sin exaltarse, de organización, de perseverancia, de templanza, parecía un periódico antirrevolucionario, en el que además rara vez aparecía el matiz "anticlerical".

No era fácil que un semanario de estas condiciones y, por añadidura, poco o nada ameno, conquistara lectores, y más entre un público como el republicano de paladar intelectual habituado a las fuertes especias con que sazonaban sus trabajos los escritores de la idea, para muchos de los cuales la república estaba ya en el horizonte sensible.

Esta conducta de *El Socialista* fue en ocasiones —pocas, porque rara vez era aludido y menos nombrado— motivo de polémicas violentísimas y personales, como la mantenida con *El Motín*, siendo lo extraordinario de este caso que cuando el contendiente creía haber herido de muerte al enemigo, éste ni aun molestado se sentía con la *injuria tremenda*.

Y también esta lucha se planteaba en otro terreno: en el de las relaciones privadas, llegando la hostilidad recíproca a producir disgustos y desavenencias en las familias, como en la de García Quejido, por ejemplo, cuyo padre era federal. En los talleres, en las tabernas, en los cafés, socialistas y republicanos porfiaban más que discutían, y de esto se derivaba lógicamente un crecimiento lentísimo en el número de las agrupaciones y, naturalmente, en la cifra de los afiliados en ellas.

Por otra parte, la conducta de los gobiernos, tanto como la acción irregular y absurda de los partidos republicanos, iban llevando la indiferencia a todas partes.

Dieciséis años duró la Regencia; durante nueve años y meses ocupó el poder Sagasta, teniendo buena parte de este tiempo a Moret en el Ministerio de la Gobernación. La *labor de atracción* realizada desde tal ministerio fue verdaderamente enorme, y tan fructífera para el sostenimiento de la monarquía como letal para la salud del país. Un republicano que por honores, por esperanzas de realización de parcelas de ideales, o bien por ansiar puestos apetecibles se pasaba al otro campo, no era uno menos, era —¡ay!— el alejamiento definitivo de toda acción política de decenas y decenas de los mejores ciudadanos, y esto no sólo en Madrid y en las cimas, sino en toda España, y en medio y abajo y durante años y años.

Pero sobre estas circunstancias adversas a la difusión de los ideales políticos y de organizaciones para la resistencia, se debe considerar el número y quizá más aún la calidad de los propagandistas y organizadores obreros.

Eran todos ellos, sin excepción alguna, operarios mecánicos o manuales, a los que el deber, libremente aceptado, convertía en escritores, oradores y gestores de organismos, operarios que no tenían sobre sus compañeros —sobre aquellos a los que querían adoctrinar y organizar— otro prestigio que el que pudiera darles la conducta como obreros plenos del sentimiento de solidaridad y también como hombres. Es decir, casi lo contrario de lo que ocurre en los partidos populares, donde el propagandista, el caudillo más bien, es en general hombre de otra extracción social, abogado generalmente, y adornado, por tanto, del prestigio de superioridad mental o cultural reconocida, o que hace presumir el título académico.

Por otra parte, cuando se producían movimientos de organización para la resistencia, muchas veces los hombres de estos movimientos, aun utilizando el auxilio de los elementos agrupados en torno de Iglesias, lo hacían con recelo, temiendo la absorción del naciente organismo por el sospechoso Partido Socialista; de aquí también el lentísimo crecimiento de la Unión General de Trabajadores.[1]

En la etapa que ahora estudiamos (1889 a 1899) ocurrió que en París (1889) se rehízo la Internacional en congreso, al que asistió Iglesias representando al Partido Socialista español, como asistió también a los de Bruselas (1891), Zurich (1893) y Londres (1896).

En el congreso de París, como es sabido, se aprobó la demanda a los poderes públicos de una legislación internacional del trabajo, basada principalmente en la jornada de ocho horas, la que se pediría en todos los países el día 1.º de mayo. (El congreso de Bruselas dio a esta demostración carácter permanente.)

Durante este mismo tiempo el partido celebró en España cuatro congresos, todos con asistencia de Iglesias y con intervención suya preponderante, a saber: Bilbao (1890), con 18 grupos representados; Valencia (1892), con 32; Madrid (1894), con 34, y Madrid (1899), con 45.

Los acuerdos capitales votados en orden a la acción son éstos:

> En las elecciones generales de diputados a Cortes el Partido Socialista presentará candidatos en todas las localidades donde cuente con elementos organizados.
>
> Los candidatos deberán estar afiliados al partido y serán presentados por las agrupaciones.
>
> Serán excluidos del Partido Socialista las agrupaciones y los individuos que hagan pactos o alianzas con los partidos burgueses o sus candidatos. Asimismo serán expulsados los que voten o realicen trabajos a favor de cualquier candidatura burguesa.

(Acudir o no a las elecciones municipales o provinciales quedaba al arbitrio de las agrupaciones.)

Considerando que las libertades políticas reconocidas por el actual estado de derecho son necesarias al proletariado para organizarse y alcanzar aquellas mejoras posibles dentro del actual orden social.

El congreso declara que el Partido Socialista Obrero deberá atender a la conservación de aquellas libertades, sin que el acuerdo del congreso de Barcelona referente a la actitud con los partidos burgueses —que en su esencia queda subsistente— pueda ser obstáculo para que el país preste su cooperación a otros partidos avanzados dentro del campo burgués cuando corran peligro de desaparecer o sean bastardeadas en la práctica, debiendo adoptar aquellas actitudes y determinaciones que las circunstancias aconsejen.

En este mismo tiempo la Unión General había celebrado cinco congresos, llevando Iglesias a todos ellos la representación de la Federación Tipográfica. En el último (1899) se acordó trasladar a Madrid la residencia del Comité Nacional. Iglesias fue elegido entonces presidente y García Quejido secretario. A la sazón contaba el organismo 48 secciones y 6.437 federados.

El día 1.º de mayo de 1890 había que cumplir el acuerdo de París, y el partido —Iglesias sabía recatar los sentimientos pesimistas— veía con temor acercarse la fecha. No se dudaba que en Bilbao, en Barcelona, y acaso en alguna otra ciudad, la demostración sería realmente importante, pero ¿y Madrid, con sólo cuatro sociedades obreras nada lucidas? Se acordó organizar un mitin y nada más, y eso llevando al domingo 4 la celebración de él.

Pero el terror pánico de las clases acomodadas y aun de los gobiernos, dando a la fecha cierto carácter de milenario, hicieron posible la manifestación en la vía pública, manifestación, por cierto, infinitamente más bella, por no esperada, que la realización de un sueño porque se contaba con un fracaso desolador.

En efecto, se congregó una multitud incontable, que como multitud, y no ordenadamente, siguió a los organizadores hasta las calles del Turco y del Barquillo, desde donde destacó la comisión presidida por Iglesias, que había de entregar al gobierno las reclamaciones.

Recibió Sagasta afectuosamente a los comisionados, escuchó lo que dijo Iglesias, felicitó a todos "por lo bien que había resultado el acto", y después hizo algunas observaciones acerca de los daños que el establecimiento en España de las ocho horas causaría a la "producción nacional". Cortésmente Iglesias le hizo notar que la petición tenía carácter internacional y, además, que no eran los más ricos los países de jornadas de trabajo largas.

Ya en la calle, Iglesias habló a la muchedumbre, que se disolvió ordenadamente...

Pasó un año; subió al poder Cánovas, y prohibió la manifestación. Nada aconsejaba esta medida, porque en 1890 no hubo en parte alguna ni asomo de desorden; pero ni Cánovas fue jamás sinceramente liberal, ni lo fue Sagasta, ni lo fueron los que los sucedieron. (En 1903, y siendo presidente del Consejo Silvela y ministro de la Gobernación Maura, la manifestación volvió a efectuarse a la salida de un mitin, aunque sin permiso de las autoridades, previa una arenga de Iglesias, y con él y la bandera de los albañiles a la cabeza, y desde entonces hasta los días vergonzosos para todos de la Dictadura hubo manifestación en las calles.) Se prohibió la manifestación, más no la celebración de reuniones —de seguro por no alcanzar a tanto en tiempos normales las facultades de los gobiernos—, y éstas fueron magníficas, sobre todo en los años primeros, así por la cantidad como por la calidad de las gentes que acudían a oír a Iglesias, y alguna vez a Jaime Vera, en los espléndidos jardines del Buen Retiro, destruidos por la barbarie.

El 1.º de mayo más memorable fue el de 1898. En un discurso violentísimo, Iglesias fustigó duramente al gobierno, al *patrioterismo* vacío de los que se estaban en sus casas, a la prensa —¡cuánto daño hizo!— y también al imperialismo de los Estados Unidos, que habían originado una guerra desastrosa. Habló asimismo de fraternidad de los obreros españoles con los obreros de las tierras que habían entrado en guerra, y precisamente cuando hablaba la escuadra yanqui hundía a la española en aguas de Cavite y destruía el arsenal. Sus armas —según la prensa, inferiores a las nuestras— mataban a 75 españoles y herían a 281, y ellos sólo tenían nueve heridos. Iglesias —y todo el Partido Socialista— era de los contados ciudadanos españoles que tenían derecho para indignarse contra tanta locura, ignorancia y cobardía.

Otro de los acontecimientos de la época fue la promulgación del sufragio universal y celebrarse nada menos que cinco elecciones legislativas en diez años.

Acudió a ellas el partido sin la más remota esperanza de sacar victorioso de las urnas a ninguno de los candidatos, y sólo para extender las ideas y educarse en la práctica de un nuevo derecho, práctica consciente, sistemática y no interrumpida. ¡Ah si los partidos republicanos españoles hubieran seguido la misma conducta!

Son interesantes, por lo instructivas, las elecciones de Madrid y algunas de Bilbao; hablemos de ellas para que se tenga idea de la magnitud de la obra realizada por Iglesias y sus amigos:

Madrid, 1891. Es ministro de la Gobernación Silvela y presidente del Consejo Cánovas. Los socialistas presentan candidatura cerrada con Iglesias a la cabeza. Su propaganda se reduce a un mitin y un manifiesto notabilísimo escrito por el doctor Vera. No hay intervención en las mesas ni siquiera hombres bastantes para repartir candidaturas en la puertas de los colegios.

Acuden a éstos contadísimos electores; sin embargo, de las urnas salen millares y millares de votos, ¡sobre 46.000 para hombres desconocidos! Años después (1899) la experiencia enseñó que estas cosas se arreglaban dentro de las secciones mediante "equitativos" prorrateos de sufragios entre los candidatos proclamados. Según los datos oficiales, Iglesias apenas llegó al millar de votos, que entonces parecieran muy pocos y hoy parecen muchos. Ahora que en este caso de Madrid no hay que indignarse mucho contra Cánovas y su digno ministro de la Gobernación, porque aquello no habría ocurrido si los electores, imitando a los socialistas, hubieran cumplido con su deber.

Los inverosímilmente minúsculos resultados de aquellas primeras elecciones causaron en los socialistas de toda España un efecto de aplanamiento y de cansancio indecibles. ¡Iglesias tuvo que levantar los espíritus hablando en una conferencia; escribiendo, lleno de optimismo, en el periódico, y multiplicando las cartas a los amigos!

Año 1893. Manda Sagasta, que en Madrid tiene enfrente una coalición electoral de los partidos republicanos, contra la que no servirán los amaños ni las trampas de costumbre. Los socialistas, que positivamente van a restar votos a los coligados, presentan candidatura cerrada, con Iglesias a la cabeza. Socialistas y republicanos discuten y porfían enconados allí donde se encuentran, llegando algunas veces a las manos. La coalición alcanza una victoria brillantísima; los socialistas sólo logran 700 votos, según los datos oficiales. A partir de aquellas elecciones, no volverá a presentarse candidatura cerrada. Nota importante: por conducto de un amigo oficioso, el gobernador de Madrid insinúa al comité de la agrupación socialista que si se necesitaba dinero para los gastos electorales no faltaría quien lo diese. Claro es que se rechazó la oferta con asco más que con indignación.

En Bilbao se advirtió que si las elecciones hubieran sido decentes la candidatura de Iglesias habría vencido.

Año 1896. Una sedición de oficiales subalternos del ejército echó del poder a Sagasta, sustituyéndole Cánovas. Las elecciones en Madrid fueron iguales a las de 1891. Los electores auténticos votaron a Iglesias y Vera (poco más de 2.000 votos), a los federales Eduardo Benot y Antonio Sánchez Pérez y al marqués de Cabriñana, pero estos electores fueron derrotados por los falsos y por las actas amañadas.

En Bilbao volvió a vencer el dinero.

Año 1898. Mandaba Sagasta; se avecinaba la guerra en los Estados Unidos, que el Gobierno sabía bien que sería desastrosa, así como sabía que Pi y Margall e Iglesias eran enemigos no sólo de esta guerra, sino de la sostenida contra los patriotas cubanos... ¡Ni Pi y Margall ni Iglesias tuvieron asiento en el Parlamento! Es decir, que en Madrid las elecciones fueron las mismas de siempre, y en Bilbao venció el dinero, aunque con mucho trabajo y siendo el acta del diputado muy discutida en el Congreso, oponiéndose a la aprobación de ella el señor Azcárate.

En estas elecciones ocurrió algo merecedor de mención, y fue que una tarde se presentó en el pobre hogar de Iglesias un hermano de Martínez Rivas —el millonario bilbaíno contrincante de Iglesias— para ofrecerle el acta de diputado a Cortes por el distrito de Valmaseda, en cambio *de no apretar* en Bilbao. Este mismo ofrecimiento le fue confirmado, en nombre de Sagasta, por el bonísimo Pablo Cruz, subsecretario de la Presidencia.

Año 1899. Ahora es Silvela quien preside el Gobierno. Para las elecciones de Madrid se forma una especie de coalición tácita, con la candidatura siguiente: Francisco Pi y Margall, Nicolás Estévanez, Pablo Iglesias y Jaime Vera, que reúne unos 7.000 votos; pero unos señores llamados Candelaria, Somosancho, Torrecilla, Lorenzale, Sáinz, etc., alcanzan sobre 25.000. Los socialistas tienen intervención en algunos colegios y en ellos logra más votos que ninguna otra candidatura la de Iglesias, Pi, etc., o sea que el milagro se realiza en las secciones no intervenidas.[2] Aun así, el resultado de esta elección produjo tanta contrariedad en Palacio que el alcalde estuvo a punto de dimitir. En Bilbao venció el dinero, como de costumbre.

Hubo también elecciones municipales, y en algunas poblaciones se acudió a ellas, venciendo alguna vez. Pero ocurría que la Ley del Sufragio Universal no estaba de acuerdo con la de administración local, que no consideraba aptos para el cargo de concejal sino a los ciudadanos que poseían algún título académico o a los que pagaban contribución, en este caso con una escala en relación con la importancia de los ayuntamientos,[3] y como esto no se sabía, o no elegían las agrupaciones candidatos que no estuvieran en condiciones legales o bien, en previsión de futuras elecciones, hacían que algunos compañeros fuesen contribuyentes.

El año 1897 Bilbao elegió concejales a tres socialistas, que eran contribuyentes, dos de ellos en la forma que se ha dicho. Uno de los hombres adinerados e influyentes de la villa, Chávarri, tomó el tren, vino a Madrid y habló con Cánovas, que mandó anular el acta de dos de los electos. Era tan escandaloso el atropello, que se aprovechó para que Iglesias realizara una óptima campaña de agitación que culminó en un mitin celebrado en San Sebastián. El asunto fue al Tribunal de lo Contencioso, que deshizo la atrocidad de Cánovas. Defendió la validez de las actas Ossorio y Gallardo.

En esta época volvió Iglesias a padecer prisiones. Habíanse asociado en Málaga los obreros y obreras de "La Industria Fabril" de la casa Larios, naturalmente con el fin de mejorar las pésimas condiciones de su trabajo, el peor retribuido de la industria textil española, y el administrador o apoderado de la casa —cuyo nombre y trágica muerte andan en romances populares— puso a los operarios en la disyuntiva de dejar la sociedad o perder la casa.

Y se produjo una huelga, que comprendía miles de operarios y de operarias, impulsivos los más y desde luego nada educados en estas luchas.

Por acuerdo del Comité Nacional del partido, Iglesias marchó en seguida a Málaga para dirigir el movimiento, encarrilándolo fuera de toda violencia, quizás apetecida por la casa y por las autoridades allí al servicio casi incondicional de ésta.[4]

Estuvo Iglesias en Málaga tres meses, de los cuales pasó más de la mitad en la cárcel, volviendo a Madrid con dos procesos por injurias al gobierno. La huelga se perdió.

Las autoridades judiciales le absolvieron de uno de los procesos, y por el otro le condenaron a cuatro meses y un día de prisión.

Los finales de los años 1894 y 1895 y los comienzos de los siguientes los pasó Iglesias en la cárcel de Málaga, y no ciertamente en habitación independiente, sino junto con los demás presos. Estuvo enfermo y le atendió y curó solícito el doctor García Viñas, fundador en Barcelona de la

Internacional el año 1869 y de la Alianza, quien, por cierto, vio en Iglesias un enfermo, un hombre que sufría y nada más.

Entre una y otra prisión Iglesias visitó otra vez la cárcel de Madrid en el verano de 1895. Estuvo detenido una semana por haber hablado en un mitin de panaderos en huelga. Como de costumbre, el gobernador civil había encontrado un juez amigo de servir que diese visos de legalidad al atropello de llenar la cárcel de hombres que no habían cometido delito alguno.

(Por cierto —y se cita el caso por lo *instructivo*— que hubo un pobre obrero panadero cogido en aquella redada que estuvo ocho o diez meses en la cárcel sin que nadie le tomara declaración.)

Bien andado el año 1893, cambió totalmente la vida de Iglesias. Un día se presentó en Madrid, desolada, la mujer a quien conociera en Valencia el año 1888. Se había roto su hogar, y se lanzaba por los senderos del mundo a rehacer su vida y la de su hijo.

Iglesias hizo que la recogiera como una hermana la familia de un correligionario que tenía fábrica de hules en Carabanchel, y allí estuvo hasta que la fábrica comenzó a decaer y hubo que cerrarla, lo que ocurrió casi un año después...

Los miércoles de cada semana, ajustado el periódico y ya en máquina, Iglesias marchaba a Carabanchel para pasar allí la tarde. Cuando regresaba a presenciar y atender al "cierre" del semanario estaba radiante de felicidad y traía en la mano alguna ramita de pino, que de cierto le recordaba horas de idilio.

Iglesias tuvo un hogar y una compañera que le atendiera, que le cuidara, que le procurase tranquilidad, y con el raudo paso de los años llegó uno en que fue posible legalizar aquella situación.

Iglesias no tenía para sostener el recién creado hogar más que las treinta pesetas semanales, cantidad ciertamente reducidísima, y aunque buscó trabajo de colaboraciones y de traducciones, encontró poco e inseguro. La penuria de la familia fue tanta que la mujer tuvo que trabajar en su bello oficio de pasamanería, y hasta ocurrió que unos cuantos amigos, viendo a Iglesias sin abrigo alguno en lo más crudo del invierno, juntaron dinero y le compraron una capa.

Al cabo, en el año 1899 fue posible elevar a treinta y cinco pesetas la retribución semanal del periódico y señalar diez más por el Comité Nacional, y estas cuarenta y cinco pesetas fueron la retribución hasta que el Congreso señaló a los diputados una indemnización de 500 pesetas al mes.

Fue esta etapa la de mayor actividad de Iglesias. Entonces corrió España de punta a punta para extender las ideas y organizar a los trabajadores.

Estaba en la flor de su vida, y además tenía junto a él hombres tan identificados con su modo de ver los asuntos, con su espíritu de difusión de los derechos y tan prestos al sacrificio, que en cualquier momento podía salir de Madrid bien cierto de que no habría tropiezos en la publicación del semanario ni en la marcha de los negocios del partido.

NOTAS

1. Para aquilatar mejor la magnitud del trabajo realizado por Iglesias y sus amigos se copia algo que el autor escribió hace doce años. (*El Partido Socialista*, Biblioteca Nueva, Madrid, 1918):

"Se crea el partido en un ambiente hostil, tanto que durante muchos años ha de comparársele a una planta de estufa. Ausencia general de costumbres cívicas; menosprecio de los derechos; indiferencia hacia los negocios públicos; incultura, versatilidad, ligereza, barbarie, servilismo; los restos de la Internacional en manos de los anarquistas, los partidos republicanos, fuertes y pletóricos de hombres verdaderamente ilustres y superiores.

"Nace el partido en un país de formas de producción casi medievales, donde aún no se creó un capitalismo fuerte y emprendedor, donde casi no existe una burguesía, donde ésta no es dueña sino condueña del poder público.

"Estas adversidades hacen que los socialistas, más que un partido, sean como una comunidad, cuyos miembros no mantienen relaciones de afecto sino entre sí, y sólo las precisas con la sociedad; de donde el Partido Socialista español es adusto y poco atractivo, y ásperos y esquinados los propagadores de sus doctrinas.

"La necesidad de defender, de dar y recibir calor, de vivir momentos que no sean de amargura, de fortalecer la fe, crea esta comunidad, que es asimismo muralla que no deja llegar a Iglesias las adversidades *directas*, la frialdad, la chacota, la befa, la hostilidad total y casi invencible".

2. En las secciones no intervenidas por socialistas entró en las urnas un promedio de 95 votos emitidos por electores reales o falsos —que siempre hubo "cuadrillas volantes"—; las secciones intervenidas por socialistas dieron un promedio de 20 votantes. Claro está que los socialistas no se avinieron a los prorrateos de votos, y esto explica la diferencia.

3. Cuando se advirtió esta contradicción, el Comité Nacional del Partido Socialista, a propuesta de Iglesias, acordó visitar a Sagasta —jefe del gobierno— para señalarle la anomalía de que todo elector pudiera ser diputado, pero no concejal, pensando que se apresuraría a subsanar el error. Le visitó una comisión en la que no estaba Iglesias, y si se mostró algo extrañado de la contradicción, encontró que el pedir ciertas condiciones de solvencia era una garantía de *probidad*... ¡Esto se lo decía a unos obreros, que le contestaron recordándole escándalos municipales, del día unos, no muy añejos otros!

4. Hasta hubo un arquitecto municipal tan "complaciente", que declaró ruinosa la casa en que tenían el domicilio social los huelguistas, casa que, al cabo de treinta y cinco años, sigue siendo de las más sólidas de Málaga.

CAPÍTULO 7

TRAGEDIAS. AÑOS HEROICOS. ASCENSIÓN

En los comienzos del año 1892 una turba de campesinos, engañados o ilusos, armados de hoces y algunos de escopetas, amparados de las sombras de la noche, entró en Jerez con propósito de abrir las puertas de la cárcel a medio centenar de compañeros que las autoridades habían detenido días antes.

Encontraron los asaltantes en su camino a un pobre muchacho y le dieron muerte sólo porque iba "vestido como un señorito". Cuando la turba llegó a la cárcel, la guardia de ella le hizo frente, y los campesinos salieron de la población huyendo como pudieron de la persecución de las fuerzas militares de caballería.

El Socialista —y *El Socialista* es siempre Iglesias— denunció las horribles condiciones en que trabajaban aquellos desgraciados y los vejámenes de todo linaje de que eran víctimas; pero al propio tiempo condenó el movimiento y apuntó la hipótesis de que lo hubieran provocado viles agentes pagados.

Cuando se cumplió una sentencia de muerte en cuatro hombres —dieciséis o dieciocho fueron condenados a cadena perpetua— dijo Iglesias:

> Cuatro trabajadores han sido inmolados en Jerez a la barbarie capitalista [...] Al lanzar nuestra maldición contra un régimen cuya principal garantía es el verdugo, fir-

mes en la virtualidad de nuestras doctrinas, sin desmayar en la defensa de las mismas —antes al contrario, hoy con mayor fe que nunca—, hemos de redoblar nuestro esfuerzo para apartar a los trabajadores de senderos equivocados, que, lejos de conducirlos a la meta de las aspiraciones, los llevan inermes a las garras de la bestia capitalista.

En el año siguiente (1893) hubo en Barcelona dos explosiones de bombas, arrojadas una contra el general Martínez Campos, por el anarquista Pallás, y otra en el Liceo, por el anarquista Salvador.

En las dos ocasiones hubo protesta contra lo bárbaro, lo horrible del hecho, y contra el procedimiento, inhumano y también ineficaz y contraproducente.

En uno de los procesos seguidos se atormentó a detenidos para obligarles a declararse ellos mismos y declarar a otros culpables, fusilándose a seis y enviando a tres a presidio. *El Socialista* denunció los martirios, y al dar cuenta del fusilamiento de hombres acaso inocentes dijo:

> Respondiendo a la barbarie con la barbarie sólo se logra crear un estado anormal en que el razonamiento tranquilo es sustituido por la violencia y el encono.

El 6 de junio de 1896, también en Barcelona y en la calle de Cambios Nuevos, estalló otra bomba, que mató a seis personas e hirió a más de cuarenta.

Condenación de la espantosa atrocidad; pero reacción contra la demencia del gobierno de Cánovas, que lleva al Parlamento un proyecto de ley entregando a los tribunales militares la instrucción de estos procesos, estableciendo la pena de muerte para los autores de los atentados y sus cómplices, y la condena a expatriación de los anarquistas, *aun siendo inocentes*, e imponiendo grandes restricciones a la propaganda.

Contra el proyecto se celebraron reuniones públicas; la síntesis de lo que en ellas se dijo son estas líneas de Iglesias.

> Enemigos de los anarquistas, tanto de los puramente teóricos como de los dinamiteros o terroristas, que con sus actos más que a nadie dañan a la clase obrera, hemos combatido y combatimos con todos ellos a menudo y condenado muy duramente el odioso proceder de los últimos; pero ni aun para éstos podemos pedir que se les trate como a fieras —porque eso es pura barbarie—, sino que se les aplique la ley cuando delincan —como a todos los que cometen crímenes—, ni para los otros aceptar la tremenda persecución de que se les quiere hacer objeto.

En esto, los presos de Montjuïc con motivo de este proceso —que eran legión— escribían a los periódicos de España y del extranjero contando cosas horribles respecto a los procedimientos empleados por individuos de la guardia civil para lograr declaraciones, y *El Socialista* no vaciló un momento, recogiendo las denuncias, cumpliendo con su deber, un deber peligroso. Uno de los anarquistas presos en aquella ocasión y de cuya pluma salieron muchas de las tremendas cartas relatando horrores que indignaron a Europa, ha escrito hace poco:

> Los periódicos que mejor se portaron en aquella ocasión fueron *La Justicia*, que dirigía el gran periodista Alfredo Calderón; *El Nuevo Régimen*, dirigido por el muy amado Pi y Margall, y *El Socialista*, que dirigía Pablo Iglesias. Esto es: los periódicos españoles que estaban dirigidos por hombres.[1]

Concluyó aquel proceso con la condena de cinco hombres a la pena de muerte —veintiocho pedía el fiscal, "cerrando los ojos a la razón", según dijo—, veinte enviados a presidio y sesenta y tres absoluciones, que el gobierno de Cánovas convirtió en otras tantas deportaciones a Fernando Poo, y que el clamoreo universal trocó en expatriaciones por cuenta de los *absueltos.*

Este clamor contra los tormentos y contra la posible condena de inocentes llenó el mundo civilizado; en España, como ocurre siempre en estos casos —¡ay!— frecuentísimos, se habló de "leyenda negra", de "malos patriotas', etc., etc., etc. Cánovas, el 8 de agosto de 1897, cayó muerto por las balas de un revólver disparado por el espíritu de venganza. "El día que se mató al del Castillo —dice Urales en el libro citado— fue de júbilo en Londres, particularmente en los centros y clubs populares."

Iglesias escribió:

> Condenamos los crímenes de abajo tanto como los de arriba, aunque algunas veces los primeros sean corolario de los segundos.[2]
>
> Aquilátese la bondad de las ideas en el terreno de la discusión y de la crítica; déjese el campo libre a la lucha pacífica y legal y no contribuyamos a convertir esta sociedad, inarmónica ya por el antagonismo de intereses, en una sangrienta lucha de fieras.

Siguió el indignado clamoreo contra los tormentos de Montjuïc, contra "las atrocidades españolas"; el Partido Socialista, en reuniones públicas celebradas allí donde había fuerzas organizadas, pidió la revisión del proceso; en Madrid se llevó a cabo una manifestación con la misma demanda, y, por último, el semanario *Vida Nueva* organizó, en Madrid también, un mitin formidable, que presidió

Canalejas, y en el que hablaron, entre otros, Blasco Ibáñez, Lerroux, Melquíades Álvarez, Azcárate, Salmerón, Moret e Iglesias.

Éste, en discurso rebosando indignación, pidió a las personalidades allí reunidas energía y perseverancia para obligar al gobierno a que se revisara el proceso.

> [...] y si a la revisión se opone el actual gobierno y con el gobierno alguna cosa más con él identificada, barrámoslo todo y acabemos con cuanto dificulta el que nuestro país marche por el camino del progreso.

El proceso no se revisó,[3] y eso que año y medio después eran ministros Moret y Canalejas; Canalejas, que en aquel mitin lanzó la frase justísima entonces y ahora —¡desgraciadamente!— de "toda España es Montjuïc",[4] que sirvió de título a una sección semanal de *El Socialista.*

Guerras coloniales. En agosto de 1896 se celebró en Londres el IV Congreso Internacional Socialista Obrero. Representando a España asistieron a él Iglesias, el doctor Jaime Vera y Casimiro Muñoz, de Ciudad Rodrigo, por el Partido Socialista, y García Quejido por la Unión General de Trabajadores. Se presentó un mensaje de simpatía hacia "todos los que luchan por conquistar su nacionalidad"; inmediatamente lo votó Iglesias en nombre de las dos delegaciones, y este voto tan elocuente fue aclamado con entusiasmo por los representantes del proletariado de diecinueve naciones.

Antes, al estallar la guerra en Cuba, se había dicho en *El Socialista*: "Esclavos que ansían redimirse, los trabajadores conscientes, no pueden ser partidarios de que se gobierne a nadie contra su voluntad".

Este voto y declaraciones hechas en periódicos franceses le valieron a Iglesias ásperas censuras y hasta injurias de la prensa española, que tanto daño hizo en aquel trance mintiendo una opinión que no existía, abultando y falseando los hechos e influyendo por el miedo a esa opinión en los gobiernos, sobre todo en el de Sagasta, que acaso no fue sincero cuando habló de sacrificar hasta "el último hombre y la última peseta", criterio que fue también el de Cánovas del Castillo, bajo cuyo *mando* se cometieron atrocidades en Filipinas, que culminaron en el inicuo fusilamiento de Rizal, cuyo indulto pidió Pi y Margall y negó Cánovas.

Quiso el Partido Socialista, en aquel trance, mover a la opinión o suscitarla, mejor dicho, y realizó una campaña intensa de agitación en reuniones públicas, pidiendo que se cumpliera la ley de reclutamiento y reemplazo entonces vigente, o sea que fueran a la guerra ricos y pobres y no únicamente los que carecían de dinero. Pidiendo esta elemental justicia se quería lograr la conclusión de la guerra, porque a ella se opondrían las gentes acomodadas cuando rezase también con ellas lo de "hasta el último hombre", y, aunque así no fuese, por lo menos se lograría que los simples soldados no murieran de hambre, ya que la escasez de mantenimientos no alcanzaba a los jefes y oficiales.

Se celebraron más de treinta reuniones públicas en toda España, casi todas con asistencia de Iglesias, y la conclusión en ellas votada —"o todos o ninguno"— se elevó al presidente del Consejo de Ministros, que lo era Sagasta.

Componían la comisión encargada de tal cometido Pablo Iglesias, Pablo Cermeño (tipógrafo) y el autor de este libro. Con la claridad y precisión en él habituales, expuso Iglesias el objeto y hasta el alcance de la demanda, "cumplimiento estricto de la ley vigente y deseo de que la guerra concluyera en seguida, incluso pactando con los rebeldes"; pero Sagasta salió hablando de que el gobierno era también partidario del servicio obligatorio "imposible ahora —vino a decir—, porque ustedes mismos reconocerán que sería una atrocidad llevar a los hijos de buenas familias a esos cuarteles tan malos que tenemos [...]".

Iglesias le replicó duramente haciéndole notar que sus interlocutores eran obreros y representantes de obreros, y, además, que no se pedía reforma alguna, sino sencillamente el cumplimiento de una ley vigente que hacía obligatorio para todos el servicio militar en tiempo de guerra.[5]

Sonriente recibió la lección y prometió hacer que se cumpliese la ley. Ocurrió esto a fines del año 1897.

Desde el periódico y desde la tribuna pública se siguió combatiendo la guerra y aún más, si cabía, al presentir la de los Estados Unidos. Y cuando se vio que el gobierno iba a enviar más tropas a ultramar sin cumplir lo prometido a la comisión, se publicó un manifiesto violentísimo, convocando a otra campaña de agitación, para impedir el embarque de fuerzas, campaña que no llegó a efectuarse porque el gobierno suspendió las garantías constitucionales. (Este manifiesto, como la alocución para la campaña de "¡O todos o ninguno!", aun dimanando del Comité Nacional del partido, lo firmó sólo Iglesias, que siempre avocó para sí los peligros de cárceles.)

No por esto dejó de pedirse la paz, costara lo que costase, y un artículo de Iglesias en este sentido, inserto en el número primero del gran semanario *Vida Nueva*, tuvo extraordinaria resonancia.

Firmada la paz, se arreció en la campaña de protesta contra las atroces condiciones en que se repatriaba a los míseros restos de un ejército de esqueletos famélicos y enfermos; contra el reparto de 23.000 recompensas militares; contra el abono en pagarés y no en metálico de los haberes debidos a los repatriados...

En aquel trance, y desde primera hora, únicamente Francisco Pi y Margall y sus partidarios y el Partido Socialista Obrero supieron colocar la justicia sobre todas las cosas.

Concluida la guerra con una paz vergonzosa, estos elementos vieron con hondísima tristeza que en España nada cambiaba. ¿Ni quién iba a acaudillar una revolución, si los republicanos eran también culpables del desastre, como con razón pudo decir en el Congreso Sagasta a Salmerón?

Las demostraciones de 1.º de mayo, señaladamente las primeras, tuvieron la virtud de despertar en muchos obreros el espíritu de asociación, con lo que surgieron organismos aquí y allá, y aumentó considerablemente la ya crecida correspondencia de Iglesias, que en todo aquel que a él se dirigía veía un futuro organizador y propagandista.

Este prurito de crear organizaciones fue, como siempre, mal visto por las autoridades, y no ya las de pueblos de poca consideración, sino hasta por el Gobierno Civil de Madrid. Malas caras, reparos entre hostiles y amenazadores, descortesía, molestias, chinchorrerías, dilaciones y hasta negativas rotundas y amenazas categóricas.

Hubo también huelgas, algunas empeñadas, y en muchas las autoridades encarcelaron "porque sí", o se empleó, a veces, sin asomo de pretexto, la fuerza pública. Y por si esto no bastara, ocurrió en Bilbao que cierto inspector de policía, para acallar un conato de desorden en una reunión, no encontró nada más eficaz que matar por la espalda de un tiro de revólver a un desdichado obrero.

Todos estos sucesos y algunas violencias de la guardia

civil eran motivo de denuncia y censura en el periódico y también en reuniones públicas, pero ni el gobierno de Sagasta, ni el de Cánovas, ni el de Silvela (1890-1900) pensaron que los derechos se habían promulgado para que los ciudadanos usasen de ellos, ni menos que la misión de todas las autoridades era cuidar de que tales ciudadanos pudieran usar de los derechos sin que nadie les molestara o cohibiese. Y así dejaron hacer y hasta quizá vieron con complacencia la conducta de aquellos gobernadores, alcaldes, etc., que, vedando o dificultando las asociaciones y las reuniones públicas y encarcelando *cabecillas* en las huelgas, se evitaban y evitaban a sus superiores quebraderos de cabeza, defendiendo al propio tiempo los intereses patronales.

Esto aumentó el trabajo de Iglesias, como hemos dicho, y también hizo más difícil la ardua tarea de infundir ideales, de crear conciencias, de hacer ciudadanos, en suma.

Sólo al final de estos años desapareció algo la frialdad, la indiferencia ambiental, y la prensa dejó las reseñas jocosas de las reuniones.

Iglesias viajó mucho por toda España y habló para auditorios enormes, pero también para concurrencias no más que de decenas de oyentes; habló para multitudes que le aclamaron, pero también teniendo que dominar a gritos y a fuerza de paciencia las injurias, las acusaciones, el vocerío de la pasión hostil, y alguna vez —ello ocurrió en Vilanova i la Geltrú— teniendo que renunciar a hablar y siendo seguido por las calles de turbas que le increpaban, y entre los que había chicuelos que lanzaron algunas piedras al tren que tomó el apóstol acompañado de algunos amigos.

En esta época la historia del famoso gabán se amplió, se perfeccionó y hasta fue recogida por algún diario republicano prestigioso —*La Justicia*—. El gabán era de pieles. Iglesias lo usaba principalmente para viajar en vagones de primera clase, eso sí, trasladándose a tercera y cambiando en ella el gabán por la blusa una o dos estaciones antes de la correspondiente a la población en que iba a hablar.

Iglesias "hacía granjería de las ideas"; Iglesias vivía de las cuotas de obreros embaucados; Iglesias procedía de acuerdo con los gobiernos de la monarquía. Esto se escribía en diarios y esto decían aun políticos de fuste, elocuentes y de hermoso porvenir. Hasta se motejó de clerical al partido, porque no tomó parte en cierto congreso internacional del librepensamiento que se intentó celebrar en Madrid en octubre de 1892, con motivo del centenario del descubrimiento de América. Iglesias tuvo que recordar en el periódico que en el programa mínimo del partido constaban como anhelo a realizar la enseñanza integral y laica y la separación de la Iglesia y del Estado y confiscación de sus bienes...

El trabajo más considerable de Iglesias eran las predicaciones y los consejos que precedían o seguían a las reuniones públicas dados al núcleo de beneméritos organizadores, y sobre todo la constante correspondencia epistolar con centenares de hombres significados unos, anónimos los más, pero todos útiles o utilizables.

No se limitaba a contestar cartas recibidas, sino que cada día repasaba el librito de señas para saber a quién había de escribir amonestándole por negligente, a quién había de responder por haber cometido alguna torpeza, a quién había que aplacar en sus vehemencias, a quién había que pedir noticias... Puede decirse que todo hombre del movimiento obrero influido por el Partido Socialista podía considerarse vigilado por Iglesias, que le escribiría alguna de aquellas epístolas largas, claras, de letra firme, apretada y bien legible.

Iglesias lo vigilaba todo, empezando por el periódico cuando estaba ausente, diciendo los defectos que encontraba, principalmente —¡al fin cajista!— en la confección material, y estando en Madrid, inspeccionando el cierre de *El Socialista,* y comprobando personalmente si estaban bien o mal los paquetes de periódicos y de libros y folletos.

El año 1899 cayó enfermo y estuvo trabajando sólo lo absolutamente indispensable o nada sobre siete meses, interrumpiendo el cuidado de su salud para asistir a los congresos del partido y de la Unión General, que se celebraron en Madrid en el mes de septiembre.

Afortunadamente, el compañero que en otras ocasiones reemplazaba a Iglesias para "hacer" el periódico podía cederle la retribución semanal, y por iniciativa de García Quejido se abrió una suscripción entre los íntimos, que dio un resultado estimable.

Además, Iglesias, reñido con su antiguo colega del Consejo Federal, el platero Inocente Calleja, había coincidido con éste en el entierro de un viejo internacional amigo de ambos, y renació la intimidad.

Inocente Calleja, dueño de la célebre platería "de las amas de cría" que aún existe en el único hueco de soportal que queda en la calle Mayor, con su artística especialidad de fastuosos collares y arracadas de plata, había ganado una fortuna no desdeñable, y separado ya del trabajo, vivía con una ahijada suya en la misma estrechísima casa de la platería.

Iglesias le habló de su mal estado de salud y de que el médico le había recomendado como indispensable unas semanas de absoluta tranquilidad y reposo, pasadas en el campo, y mejor aún en la sierra.

Aunque Calleja odiaba la caza, era accionista de un monte cercano a El Escorial, donde había una magnífica casa con buenas habitaciones y un salón confortable, con amplio lar y juegos de todas clases para matar el tiempo en los días de encierro forzoso por nieves o lluvias. Allá fue Iglesias con la compañera de su vida, y allí estuvo como un mes, sin ver más que a contadas personas y sin ocuparse de otra labor intelectual que la lectura del diario, que cada mañana le llevaba el guarda desde El Escorial, y la de *El Socialista*.

El régimen le sentó bien, y aquel mismo invierno pudo reanudar una campaña de propaganda que interrumpiera la enfermedad.

Esta reconciliación fraternal de Iglesias con su viejo amigo de la Internacional fue decisiva para la vida del apóstol, que en lo futuro no conocería la penuria material. ¡Sin el providencial encuentro de una compañera para constituir un hogar y sin esta reconciliación, Iglesias, falto de los cuidados debidos habría vivido pocos años! Esto no quiere decir que Iglesias se convirtiera en una especie de parásito, y pronto hemos de verlo.[6]

En el año 1899 ocurrió algo trascendental para el mundo socialista y fue que con el bloque gubernamental formado en Francia para salvar la República, bloque presidido por un demócrata leal, Waldeck-Rousseau, entró un socialista, Millerand, y que algunos diputados socialistas, con Jaurès a la cabeza, resolvieron apoyar a aquel gobierno.

La conducta de Millerand, y también la de Jaurès y los que como él opinaban, suscitó muy vivos comentarios y hasta ásperas censuras.

Jaurès y otro miembro del grupo parlamentario socialista que apoyaba al gobierno pidieron opinión a los hombres más importantes del socialismo internacional. He aquí la respuesta de Iglesias:

> Mi parecer es que ni los socialistas pueden aceptar bajo su responsabilidad cargo alguno de ningún gobierno burgués, ni el Partido Socialista autorizar la presencia de uno o varios de sus miembros en gobiernos que tienen por misión defender el régimen del salario.
>
> Los socialistas no deben ir al poder a hacer cumplir las leyes hechas por la clase explotadora para mantener en la esclavitud, en la miseria y en la ignorancia a los productores; deben ir tan sólo a anular todos, absolutamente todos los privilegios capitalistas.

Por entonces había publicado Jaurès una bella colección de trabajos titulada *Études socialistes.*

Un editor español propuso a Iglesias la traducción del libro, ofreciéndole una no corta retribución. Iglesias, que a la sazón tenía que aceptar dinero recogido entre los amigos, que buscaba un trabajo suplementario para aumentar el ingreso semanal de 45 pesetas, contestó con una cortés negativa:

> Disintiendo del autor en asuntos de conducta política no podía traducir el libro, porque traducirle sería tanto como suscribir todas las opiniones en él emitidas.

Hemos dicho que Iglesias asistió al congreso del partido el año 1899 sacando fuerzas de flaqueza. En él se tomó un acuerdo importante, que atenuaba algo la vieja intransigencia. El acuerdo es éste:

> Considerando que las libertades políticas, reconocidas por el actual estado de derecho le son necesarias al

proletariado para organizarse y alcanzar aquellas mejoras posibles dentro del actual orden social, el congreso declara que el Partido Socialista deberá atender a la conservación de aquellas libertades, sin que el acuerdo del congreso de Barcelona referente a la actitud con los partidos burgueses —que en su esencia queda subsistente— pueda ser obstáculo para que el partido preste su cooperación a otros partidos avanzados dentro del campo burgués cuando los principios democráticos corran peligro de desaparecer o sean bastardeados en la práctica, debiendo adoptar aquellas actitudes y determinaciones que las circunstancias aconsejen.

Al finalizar el siglo el Partido Socialista tenía más libertad de movimiento y una personalidad bien firme y acusada.

Habían crecido sus fuerzas; *El Socialista* podía ya pagar la casi totalidad del molde; la Unión General, trasladada a Madrid y ya presidida por Iglesias, ganaba afiliados y arraigo bajo la inteligente administración de Quejido y en Madrid existía un Centro de Sociedades Obreras de relativa importancia que no tardaría un año en convertirse en Centro Obrero.

NOTAS

1. Federico Urales, *Mi vida,* Barcelona, 1930, tomo I.
2. Iglesias no condenaba en absoluto el atentado personal. En el verano de 1904 los revolucionarios rusos dieron muerte a un gobernante que les perseguía cruelmente, ahorcando, encarcelando y deportando; en *El Socialista* aparecieron las siguientes líneas que Iglesias escribió, encabezándolas con el título de "Acto de justicia": "Así debe considerarse el realizado por los revolucionarios rusos con el ministro Plehwe. Cuando un hombre, por voluntad propia o por agradar a otro, atenta contra la vida y la libertad, no ya de unos cuantos ciudadanos, sino de todo un pueblo, merece la muerte. El que se la ha

dado al odioso ministro del zar de Rusia es acreedor a las alabanzas y al reconocimiento de cuantos desean ver libre a la humanidad de monstruos humanos".

3. Para acallar las protestas o atenuarlas, en 1898 el gobierno de Sagasta ordenó una información. De los resultados de ella el fiscal del Tribunal Supremo —Sánchez Román— dedujo indicios "de que había atormentados y atormentadores".

4. Semanas antes de celebrarse el mitin había escrito Iglesias en el mismo semanario *Vida Nueva*: "Opino que, ya que lo ocurrido en el proceso de Montjuïc no es un caso aislado, sino, aunque más horrible que otros, uno de los muchos que constituyen el bárbaro sistema empleado en nuestro país para arrancar declaraciones o castigar a culpables o supuestos culpables, que la campaña emprendida debe tener por objeto, a la vez que la revisión del susodicho proceso, la desaparición del mencionado sistema, en vigor hoy en toda España".

5. El Partido Socialista no fue nunca partidario del servicio militar obligatorio, sino de la supresión de los ejércitos permanentes y del armamento general del pueblo. "El militarismo —escribió Iglesias— es un peligro para la paz del mundo y para las libertades y la tranquilidad del país donde domina."

6. Calleja era propietario de unos hoteles y de una casa en El Escorial y en el verano de 1900 hizo que Iglesias pasara unos días en uno de ellos. También dio que hablar este hecho, y las lenguas de los murmuradores hicieron a Iglesias "dueño de hoteles".

CAPÍTULO 8

ETAPA AZAROSA. LA CASA DEL PUEBLO. OTRA VEZ EN LA CÁRCEL

En el año 1901 ocupó Canalejas el Ministerio de Agricultura, Industria y Comercio, y pensó crear un Instituto de Reformas Sociales —lo estableció Maura en 1904—, haciendo de la secretaría de él el cargo fundamental, con intento de que la desempeñara Iglesias, a quien visitó.

La negativa de éste fue terminante: no aceptaría jamás otros cargos que aquellos a los que le enviara el voto de sus correligionarios.

En los comienzos de ese mismo año 1901 creyó nuestro héroe que los formidables escritos de Costa eran dañosos, y procuró contrarrestar sus deletéreos efectos haciendo notar los progresos de la organización obrera, bien menguados por cierto, aunque el optimismo de Iglesias los encontrara espléndidos.

> Observemos bien, y lejos de echarnos en brazos de un pesimismo que nos quite bríos y voluntad para trabajar, nos sentiremos animados por las esperanzas que la realidad nos ofrece, y lucharemos con ardor por que se traduzcan en hechos cuanto antes.

En marzo de 1903 se celebró la memorable asamblea

republicana convocada por José Nakens, en la que 4.000 representantes eligieron jefe a Nicolás Salmerón.

Unos cuantos afiliados al Partido Socialista, dos de ellos —García Quejido y Gómez Latorre— fundadores, propusieron que se pactara una alianza con los republicanos, así para la acción electoral como "para atender a todas las contingencias del porvenir político de la nación".

Iglesias combatió este criterio recordando los atropellos, brutalidades, arbitrariedades, suspensiones de garantías constitucionales, estados de guerra, corrupciones electorales y hasta "el miedo cerval al sable" de los tiempos de Sagasta y Cánovas, y también de Silvela, que no se atrevió a ordenar la revisión del proceso de Montjuïc.

En la circular del Comité Nacional entregando el asunto a la resolución de los grupos del partido, se decía, entre otras cosas:

> Prácticamente hay alguna más libertad, no por mérito de los gobernantes, sino por la fuerza de las circunstancias, y en lo que respecta a los derechos que más ejercitan los obreros, por el creciente influjo de éstos, y, sobre todo, por su cada día más fuerte organización.

Cincuenta agrupaciones contra 26 y dos abstenidas rechazaron la moción.

El día 8 de abril de 1905 ocurrió en Madrid una hecatombe espantosa. Hasta 100 hombres quedaron sepultados bajo los muros y bóvedas hundidos del tercer depósito de aguas, muriendo 32. En *El Socialista,* en una reunión de protesta y en el acto de dar tierra a las víctimas de un ansia de lucro criminal, Iglesias expresó virilmente la indignación de la clase proletaria.

> Las causas del hundimiento han sido la codicia, el favoritismo, el compadrazgo, el chanchullo [...] El terreno donde se construía no era el adecuado, pero su adquisición fue un negocio escandaloso; el material empleado no correspondía a la solidez que requería la obra, y la inspección de los trabajos realizados o no se efectuó o fue una farsa [...]
>
> Lo sucedido merece un escarmiento ejemplar, pero la clase trabajadora no tiene aún conciencia ni fuerza para imponerlo [...] Yo os pido que el dolor que os embarga y el sentimiento de venganza que os domina los convirtáis en voluntad y energía para trabajar por vuestra organización y mejora hasta que llegue el día en que se arranque de cuajo la causa de tantos males y dolores.

Dos años después los tribunales absolvían a los culpables de la tragedia, que encontraron buenos defensores y un buen jurado. Entre los peritos que tuvieron el valor de acusar estaba el ingeniero militar Marvá, a quien siempre profesó Iglesias gran estimación.

He aquí el comentario puesto a la sentencia por *El Socialista*:

> Sabemos bien que la justicia burguesa es tan bondadosa con los poderosos que delinquen como inflexible y dura con los pobres que tropiezan con el código penal siquiera sea por faltas leves [...] Estos fallos entrañan desprecio y crueldad hacia la clase trabajadora...

El día 1.º de junio de 1905 se atentó en París contra la vida del rey, lanzándose unas bombas sobre el coche que ocupaba al lado del presidente de la República. Entonces escribió Iglesias:

> Las bombas arrojadas en París contra el rey de España no sólo no han producido el efecto que sus autores se

proponían, sino que han causado víctimas en personas ajenas a las injusticias que por modo tan absurdo pretenden esos desequilibrados vengadores. La clase obrera va adquiriendo capacidad, y con ella el convencimiento de que la emancipación no ha de ser obra de locura, sino de sensatez; no de arrebato, sino de cálculo.

Cuando, a fines del año 1905, oficiales del ejército sediciosos quisieron imponer una ley creando nuevos delitos militares y sometiendo todos los de esta especie a la jurisdicción de guerra, Iglesias, optimista, escribió: "No volverá aquella época en que los dueños del poder eran los que manejaban el sable".

Pasadas pocas semanas tuvo que rectificar, avergonzado, y protestar. ¡Al morir, veinte años después, dejaba en el poder "a los del sable"!

Durante los años 1905, 1906 y 1907 menudeaban en Barcelona las explosiones de ingenios mortíferos que con frecuencia causaban víctimas. Se descubrió al autor material —un sujeto llamado Juan Rull, que era confidente a sueldo de la policía—. A fin de concluir con estos atentados y de hacerlos difíciles —decían— se presentó al Parlamento un proyecto de ley para la represión del terrorismo, por el que se aumentaban hasta límites casi inverosímiles las facultades de las autoridades, de unas autoridades consuetudinariamente prontas al exceso, el atropello y la alcaldada. Como con esta ley en realidad se arrojaba de la legalidad no sólo al anarquismo, sino a la organización y al movimiento proletario todo, el Partido Socialista y la Unión General de Trabajadores comisionaron a Iglesias para que informase ante la comisión parlamentaria, expresando sin rodeos el criterio de los dos organismos (mayo de 1908).

Iglesias "documentó" bien su informe con el relato circunstanciado de tropelías y atrocidades impunes de las autoridades y sus agentes, hizo ver con ejemplos lo fácil que les sería a patronos y autoridades inventar terrorismos y expresó la actitud de los dos grandes núcleos por él representados:

> Cuando se nos ha tachado de gubernamentales y se nos ha criticado por vivir dentro de la ley hemos dicho que mientras no tuviéramos fuerza para vencer revolucionariamente y se nos permitiera vivir en la legalidad, de la legalidad nos serviríamos para educar y organizar a nuestros compañeros de trabajo. Mas si ahora nos cerráis ese camino, ni nos amilanaremos ni nos cruzaremos de brazos; iremos por el otro, seremos terroristas, y estad seguros de que lo seremos de veras, de que daremos la cara.

El proyecto, contra el que pronunció un informe también formidable Joaquín Costa, no llegó a ser ley.

El día 28 de noviembre de 1908 fue alegre entre los alegres; se inauguró la Casa del Pueblo de Madrid, siendo Pablo Iglesias la figura principal, casi el héroe, de cuantos actos se celebraron.

La adquisición de un palacio ducal y su transformación en morada de los organismos obreros fue iniciativa de los albañiles, secundada por otras entidades; pero en todo caso el hombre representativo del esfuerzo realizado no podía ser otro que Iglesias.

La Asociación del Arte de Imprimir, presidida en 1874 por Iglesias, con sus 249 afiliados, era el núcleo inicial. Este organismo y 14 entidades más con 2.500 individuos fueron en 1892 el Centro Obrero que en 1900 ascendió a Centro de Sociedades Obreras, con 41 organismos y 14.000 inscritos. Y el 28 de noviembre de 1908 la Casa del Pueblo recibía a 102 sociedades con 35.000 asociados.

Por aquellos mismos días formaban el Partido Socialista 115 agrupaciones; había en la Unión General de Trabajadores 260 secciones con 39.668 federados, tenía el Partido 71 concejales en 30 ayuntamientos —entre ellos el de Madrid con tres— y *El Socialista* no necesitaba de prestaciones personales para su composición y cierre.

Son estimables estos progresos si se considera el esfuerzo que costó lograrlos en un medio hostil por ignorancia, apatía y suspicacia de los obreros y por la especie de confabulación de los agentes de los gobiernos todos para dificultar y hacer sumamente ingrato el ejercicio de los derechos.

Y aun estos progresos no fueron continuados, sino que hubo en ellos oscilaciones debidas a crisis de trabajo y movimientos obreros desgraciados. Así, las 115 agrupaciones habían sido 144 el año 1895, y las 260 secciones y 39.668 federados de la Unión General fueron en 1904, respectivamente, 363 y 55.817.

Al feliz crecimiento de la organización obrera madrileña habían contribuido factores no dependientes de la actividad de organizadores y propagandistas. Con el Madrid de producción gremial de los tiempos antiguos, o sea, hasta algo andada la Restauración, no hubiera sido posible crear organismos poderosos; pero una transformación económica, en la que tuvo no poca parte la facilidad de tener fuerza motriz relativamente barata por la difusión de los motores de explosión y de los electromotores, creó la posibilidad de fábricas, talleres y explotaciones en que se agrupase considerable número de proletarios.

Además, huelgas importantes, bien conducidas y victoriosas, sobre todo las de albañiles, por numerosas, fueron ejemplo, que es la mejor propaganda.

Marchó Iglesias a la cabeza de aquella muchedumbre que el domingo 29 de noviembre trasladó medio centenar de banderas de sociedades desde el Centro de la calle de Relatores a la magnífica Casa del Pueblo, y de cierto fue aquel día el más dichoso de su vida.

Aunque no en la misma proporción que aumentaban los organismos, sino mucho menor, crecían también los abusos de las autoridades y sus agentes, desde el gobernador civil de Madrid hasta el último guardia civil o agente de seguridad y el alcalde del más ínfimo villorrio.

A un gobernador civil de Madrid, liberal, Aguilera, en plena normalidad, no se le puso nada por delante para enviar a la cárcel cuerdas de obreros panaderos, a fin de evitar una huelga, que no evitó. Otro gobernador, conservador, académico de la Lengua, colaborador del atildado Francisco Silvela en *La Filocalia*, Liniers, para impedir que unos huelguistas obreros del gas tuviesen local donde reunirse, apeló a la brutalidad de arrojar violentamente de su domicilio a las directivas de todas las sociedades obreras que formaban el Centro.

Pero narremos algunos casos:

En un pueblo de la provincia de Sevilla, y habiendo elecciones legislativas, cuando fueron a votar unos obreros se encontraron con que no se abrían los colegios. Unos ciento reclamaron sin que se les hiciese caso; entonces firmaron una protesta, que enviaron a Sevilla. A los tres días cinco de ellos fueron sacados de sus domicilios por la guardia civil, que los apaleó, y los firmantes fueron amenazados y también injuriados por el alcalde.

En otro pueblo de la provincia de Málaga —zona o señorío del cultivo de la caña de azúcar— se asociaron unos obreros; el alcalde se negó a cursar el reglamento, que ellos elevaron al Gobierno Civil por mediación de sus compañeros de la capital. Ya dentro de la ley, quisieron celebrar una reunión; el alcalde la prohibió porque no estaban asociados; se le enseñó el reglamento aprobado y sellado, y lo rompió. Formuló amenazas y las cumplió. Aquellos obreros encontraban trabajo con dificultad suma, estaban siempre vigilados, no podían recibir cartas ni periódicos porque les eran secuestrados, no podían tampoco escribir sino enviando a mano las cartas para que fuesen depositadas en Málaga. Se reclamó repetidas veces a los ministros de la Gobernación. Cada reclamación agravó la situación de aquellos desgraciados. Por último, el Comité Nacional del partido les aconsejó oficialmente que renunciasen al ejercicio de sus derechos, esperando días en que la fuerza organizada fuese tal que impusiera a todos el respeto a la ley. Esto se publicó en los periódicos, y ni el ministro de la Gobernación, Moret, ni el presidente del Consejo, Sagasta, dieron la más leve muestra de molestia. La misma insensibilidad mostró la prensa.

En otro pueblo se asociaron unos obreros, también contra la voluntad del alcalde; un día la guardia civil, con el comandante del puesto, fue recogiendo en sus domicilios a los miembros de la directiva. Los llevó a la casa social; allí los hizo cargar con los libros y papeles de la asociación y llevarlos a la calle, donde fueron quemados. Después, y por la violencia, se hizo suscribir a todos un acta declarando disuelta la organización.

El secretario de un Gobierno Civil, en vísperas de elecciones provinciales, llamó a los presidentes de las sociedades obreras, entregándoles candidaturas para que las votasen los asociados, con amenaza de disolución de los organismos si no lo hacían.

El alcalde de un pueblo castellano autorizó una reunión convocada para las dos de la tarde, pero —¡cuidado!— entendiéndose que a las dos y media estarían en sus casas los concurrentes.

El teniente alcalde de un pueblo andaluz, provisto de mandato expedido por el juez municipal y acompañado de una pareja de la guardia civil, visitó el domicilio social de unos obreros para hacer un expurgo de libros malos. Cogió todos los que encontró y los quemó en la plaza.

Otro alcalde amenazó con multas y otros castigos a los tenderos y tahoneros del pueblo que vendiesen géneros a los obreros asociados...

No se podía dejar abandonados a los tan beneméritos cuanto humildes ciudadanos, que querían hacer del ejercicio de los derechos instrumento de mejoramiento y dignificación, y menos cuando se los maltrataba de obra, y así, se denunciaban los hechos en *El Socialista*, se visitaba a los ministros de la Gobernación y a los presidentes del Consejo, o bien se les enviaba escrita la reclamación.

Si los gobernantes españoles hubieran sido sinceramente partidarios del régimen constitucional, habrían atendido solícitos toda queja de este linaje, cuidando con amor, como planta de estufa, la más tenue señal o muestra de ciudadanía; pero ninguno lo hizo, y entre esos gobernantes estaban Silvela —que acabó por no encontrar pulso a España— y Maura (1900-1909).

La pluma de Iglesias nos va a decir sintéticamente cuál era el resultado de las gestiones cerca de los gobernantes:

> ¿Trátase de autoridades civiles? Pues no les faltan arrestos para atreverse con ellas en algunos casos. ¿Hay

que habérselas con autoridades judiciales? Aunque con más trabajo que para las otras, no dejan de llamarlas alguna vez al orden. Pero ¿se trata de algún instituto armado, la guardia civil, por ejemplo? Pues entonces no tenemos hombres. El individuo de esa fuerza que haya cometido más salvajadas o crueldades puede dormir tranquilo, porque no habrá quien le imponga el menor correctivo.

Una de estas denuncias llevó a Iglesias a la cárcel. Recogió *El Socialista* el relato hecho en otros periódicos de haber sido sometidos a torturas por la guardia civil dos obreros para que se declararan autores de un robo en una iglesia, y puso al relato un comentario.

Se le procesó, pidiendo el fiscal la pena de cuatro años, nueve meses y once días de destierro. Se vio el proceso, tuvo Iglesias un buen defensor y él mismo habló para explicar el alcance de su *delito*:

> No he tratado de injuriar a la guardia civil ni a ninguno de sus individuos, sino de criticar a los individuos de ese cuerpo que, faltando a la ley, cometen atropellos con los ciudadanos.

Se le condenó a un mes y veintiún días de arresto mayor y 125 pesetas de multa, y apeló al Tribunal Supremo.

> Se apela para que aparezca claro el concepto que merecen a la más alta representación de la magistratura española las denuncias que formula la prensa española contra individuos de la guardia civil que proceden, no como mantenedores de la ley, sino peor que salvajes.

Confirmada la sentencia, Iglesias entró en la cárcel el día 25 de noviembre de 1904 y salió el 24 de enero de

1905 y no el 14, porque cuando se intentó pagar la multa con dinero recogido en suscripción por los amigos, el juez puso inconvenientes.

Ocurrió en aquel trance que el diputado a Cortes Alejandro Lerroux y el diario *La Correspondencia de España* pidieron el indulto de Iglesias con palabras, más que de elogio, de justicia para la conducta y el apostolado del antiguo tipógrafo.

Escribió entonces unas líneas para *El Socialista* y una instancia para el ministro de Gracia y Justicia oponiéndose a la concesión del indulto. Dice en el primer escrito:

> No pediré jamás gracia al enemigo, y ni aun concedida sin pedirla la recibiré de buen grado.
>
> Estoy cumpliendo condena por haber juzgado, como creí en justicia que debía juzgar, un atropello cometido por una pareja de la guardia civil, y me hallo dispuesto a hacer lo mismo en cuanto conozca un caso igual.
>
> No soy hombre que odie a nadie; pero creo que hay que luchar con firmeza, *cueste lo que cueste*, para desterrar bárbaras costumbres y para acabar con escándalos que nos deshonran, y de cuyas costumbres y escándalos son víctimas en primer término los trabajadores.

Entre los razonamientos alegados por Iglesias para no aceptar gracia alguna y desear cumplir la condena, está el siguiente:

> Es mi convicción que la censura de esos actos, en vez de constituir un delito, como ha conceptuado el poder judicial al encarcelarme, es en todo ciudadano un deber tanto más imperioso de ejercitar cuanto que, en el caso a que se refería mi crítica, se aludía a abusos de los agentes de la autoridad para con los trabajadores.

Se celebraron, también con relativa frecuencia, reuniones públicas para denunciar los atropellos y protestando contra la pasividad de los gobernantes, y siempre, siempre, la idea capital de Iglesias fue que las brutalidades y las arbitrariedades disminuirían exactamente en la proporción de la fuerza organizada de los trabajadores y de la resolución y los bríos de esta fuerza.

¡Organización, ejercicio constante de los derechos políticos todos y, por ello, respeto para este ejercicio! ¡Y no tolerar jamás injusticia alguna, ni callar ante la arbitrariedad o el desmán!

¡Ay!, hasta el fin de sus días tendría Iglesias que indignarse y clamar; pero también hasta el fin de sus días hizo cuanto pudo por crear ciudadanos, hombres conscientes de su derecho y de su dignidad. ¡Hombres, no ceros!

CAPÍTULO 9

ELECCIONES. IGLESIAS, CONCEJAL. MARRUECOS

Menudeaban las elecciones legislativas: en el período que ahora estudiamos (1905-1909) hubo cuatro nada menos: en 1901, con Sagasta; en 1903, con Silvela; en 1905, con Montero Ríos, y en 1907, con Maura.

En las primeras, para que el abogado Muñoz y Rivero y el fabricante de pastas para sopa Clot fuesen diputados por Madrid y no Pi y Margall y nuestro Iglesias, no bastando el acarreo de electores falsos, hubo que amañar actas a última hora, quitando votos a los verdaderamente elegidos para dárselas a los dos señores mentados. Para la "transmutación" bastó con una docena de actas.

En Bilbao, y en 1901, las elecciones fueron sangrientas: el candidato *oficial* contrató hombres ternes para proteger *como fuese* la compraventa de votos; uno de ellos mató a un socialista partiéndole el corazón de una puñalada, y otro hirió a otro socialista. El homicida —expresidiario— fue condenado a diecisiete años de cadena; pero, tres años después, senadores, diputados a Cortes y diputados provinciales por Vizcaya y algunos concejales de Bilbao solicitaron el indulto, que el gobierno concedió. Iglesias comentó el hecho en un artículo titulado "Cómplices de asesinos", siendo procesado.

En el Congreso defendió Iglesias su derecho —también defendió la razón del candidato socialista, ¡oh paradoja!, Romero Robledo contra Canalejas—, mas, como siempre, se dieron las representaciones a la falsedad y al cohecho.

Iglesias declaró que era dolorosísimo y verdaderamente desolador trabajar sin descanso en la creación de un cuerpo electoral honrado para que luego gobiernos zafios anegaran los votos que respondían a una convicción, a ideas, con el turbión de electores supuestos, con la tolerancia y el amparo prestados a los que compraban votos y con la infame falsificación de las actas. "Esto —dijo— es para nosotros una invitación más a movernos fuera de la ley."

Las otras elecciones a que arriba se alude fueron para la candidatura de Iglesias como todas. En las de 1903 el gobierno nada pudo hacer para contrarrestar el ímpetu de los republicanos recién coligados. En las de 1905 Iglesias recibió un galardón magnífico: Luis Bello dedicó un número de su óptimo semanario *Europa* a pedir al cuerpo electoral que votase a Iglesias. Escribieron trabajos dignos del apóstol, Alomar, Araquistain, Manuel B. Cossío, Gómez de Baquero, Grand-Montagne, José Ortega y Gasset, Unamuno, Zulueta... El *cuerpo electoral* no hizo caso, y la *victoria* fue para unos señores llamados Fiscowich, Zaldo, Maltrana, Minuesa, Catalina, etc., etc.

Y en las elecciones municipales de 1905, Iglesias, con dos correligionarios más, fue elevado a la concejalía por el distrito de Chamberí. Eran sus compañeros Rafael García Ormaechea, abogado, y Francisco Largo Caballero, estuquista.

¿Cómo pudo ser esta victoria? Pues echando mano de iguales recursos que los otros candidatos, o sea, haciendo que un mismo individuo votase en varias secciones, con la diferencia en este caso de que estos electores votaban por ideas, mientras que los otros candidatos realizaban la tarea por una soldada vil. Fue un ardid ingenioso, en el que intervino hasta la habilidad profesional de los tipógrafos, porque se compusieron los moldes de las candidaturas con letras y signos que nada decían, pero que al trasluz parecían contener los nombres y apellidos de los candidatos oficiales, y debajo de esas líneas, en letras pequeñas, pero claras, se leían los nombres de Iglesias, Ormaechea y Caballero. Los presidentes de las mesas —y entonces casi todos lo eran de profesión, una profesión que no hubiera desdeñado Monipodio—, conocedores de todas las *características* materiales de la papeleta oficial, de seguro estaban durante la jornada un poco sorprendidos por lo *copioso* de la votación; mas el asombro hubo de trocarse en estupor cuando desdoblaron las candidaturas *camouflées.*

Ya están los socialistas en el ayuntamiento. La presidencia y algunos concejales los saludan afectuosamente, congratulándose de que, *por fin*, haya en *el seno de la corporación dignísimos representantes de la clase obrera...*

Iglesias agradece los elogios y dice los propósitos de la minoría socialista:

> Tenemos un doble deber que cumplir: como representantes legales del pueblo hemos de velar por los intereses de todos; como representantes de hecho de los obreros hemos de mirar por los intereses de éstos.
>
> Nuestra acción nos creará enemigos; no nos importa. Merecer el odio de los que envenenan al pueblo, de los que le roban, de los que le toman como cosa explotable, será para nosotros una honra.

La gestión de la minoría socialista —y los tres concejales trabajaron con fe en una labor sumamente ingrata— merece ser estudiada minuciosamente; pero aquí hemos de atenernos a generalidades, y así va a ser el mismo Iglesias quien sintéticamente hable de ella. Copiamos el extracto hecho por él mismo de lo que dijo referente a este asunto en el congreso del partido celebrado el año 1908.

> La tarea que realizamos es tan horrible, tan ingrata, tan desoladora, que sin nuestra noción del deber, nuestra fe en el porvenir, sin nuestro ideal, seríamos abstencionistas. Tenemos frente a nosotros a casi todo el municipio, a gentes cuya seriedad y cuya sinceridad son tales que muchas veces hemos dudado si saludarlas o no.
>
> Por el número que somos no podemos realizar más que una labor de crítica, y aun ésta de un modo difícil y con poquísimos resultados. Vemos los abusos, los tocamos, estamos convencidos de su evidencia, y, sin embargo, pocas veces poseemos la prueba material de ellos. Una red inextricable de compadrazgos, una vigilancia incesante sobre nosotros esteriliza nuestros esfuerzos; de tal modo está extendido en aquella casa el compadrazgo, el mutuo auxilio para el mal.
>
> ¿Qué hacer con gente a quien nada saca el rubor al rostro, que cuando oyen hablar de opinión pública tienen el más desdeñoso mohín de desprecio? Poco podremos hacer mientras no seamos más, y no tanto por la fuerza que da el número, sino porque habrá más ojos a vigilar, más inteligencias a impedir coartadas.
>
> Quizás el mal no tenga otro remedio que la ira popular arrojando por el balcón a tres o cuatro concejales.
>
> Se llega con nosotros a no poner en planta ni aun los acuerdos propuestos por nosotros y votados por unanimidad, como, por ejemplo, el socorro de enfermedad a los obreros municipales, y esto se hace con la mira de que no ganemos popularidad. ¡Como si la buscáramos!

Lo que sí hemos logrado es que los concejales y los empleados reconozcan y declaren que somos hombres distintos de los que hasta ahora han ido allí. No hacemos política de pasillo ni pisamos el despacho del alcalde.

Debo hacer constar un hecho que honra a los obreros madrileños, y es que ni aun en las épocas peores, en los tiempos de hambre y penuria, de los 24.000 trabajadores del Centro ni uno se ha acercado a nosotros para pedirnos una mala plaza de peón.[1]

Estos conceptos, naturalmente, hicieron que algunos concejales pidiesen explicaciones a Iglesias, que las dio en la primera sesión, razonando minuciosamente sus afirmaciones y apoyándolas en datos concretos.

Y no pasó nada más, sino que un concejal de buen contentar encontró que, "en resumidas cuentas, sólo se trataba de sencillas diferencias de criterio en asuntos administrativos, sin que se hubiese hablado de prevaricación". Iglesias contestó:

Yo no acuso a nadie de haber prevaricado, porque no tengo pruebas de ello; pero la gente no ignora lo que aquí y fuera de aquí se dice, y estas paredes y estos pasillos han oído cosas muy graves [...]

Naturalmente, la minoría socialista *hizo política.*

Votó contra todo crédito para gastos de funciones religiosas y contra la asistencia a ellas y al acto del 2 de mayo; votó contra los créditos pedidos para agasajar a los reyes de Portugal y para celebrar la boda del rey y el subsiguiente y muy considerable y casi anual aumento de renglones de la lista civil. Y después no se descuidó en reclamar las cuentas de lo gastado, aleccionada por lo sucedido con motivo de la visita de los reyes de Portugal, o sea que habiéndose cifrado en 13.000 o 14.000 pesetas el crédito para agasajos, se emplearon 19.000.

Con motivo de la hecatombe de la calle Mayor, el 31 de mayo, ocasionada por la bomba que lanzara Morral, en la sesión municipal del día siguiente, el alcalde condenó el atentado, se condolió de las víctimas de él y propuso que se socorriera a las familias que hubiesen quedado desvalidas, que se felicitara a la real familia por haber salido ilesa y que se levantara la sesión.

Los concejales aclamaron lo dicho por el alcalde, añadiendo un republicano palabras de adhesión bulliciosa, y cuando se iba a dar todo por aprobado y levantar la sesión, Iglesias exclamó: "Conste nuestro voto en contra".

Injurias, amenazas, intentos de agresión personal... Sólo uno o dos concejales monárquicos no perdieron la cabeza en aquel trance.

En la sesión siguiente Iglesias explicó el voto de la minoría.

> Condenamos el atentado, sentimos dolor por las víctimas de él y nos parece bien que se las atienda, y nada más. Es decir, sí, hay más, y es que el ayuntamiento no debió suspender la sesión; pero si el dolor de todos hubiera sido sincero, debieron darse por concluidos los festejos en toda España.

El día 7 de febrero de 1908 el alcalde dio cuenta de haber enviado a Lisboa un telegrama protestando contra la muerte violenta del rey de Portugal y de su hijo, y pidió que constase en acta el sentimiento de la corporación. Iglesias habló para manifestar la disconformidad de la minoría socialista:

> El hecho ocurrido en la capital de Portugal el día 1.º fue la consecuencia de una desatentada provocación, y he de agregar que el efecto de esa consecuencia ha sido librar al país vecino de un despotismo bochornoso e irritante. Siendo esto así, nosotros ni condenamos ni sentimos el acontecimiento trágico habido en Lisboa. Es más; creemos que constituye una gran lección, que deberán tener en cuenta aquellos que pretendan seguir ciertos derroteros.

Octubre de 1909. Iglesias y Largo Caballero asisten a la sesión después de haber estado en la cárcel desde el mes de agosto. Iglesias quiere hablar para explicar la retirada aquel día de la minoría socialista. Tiene que vencer muchos obstáculos, pero habla:

> La minoría socialista se retira de este salón en protesta contra la conducta vengativa, sanguinaria y criminal que el gobierno observa en Cataluña con motivo de los sucesos ocurridos[...]
>
> Y si por ausentarnos se nos apercibe o suspende, no nos importa, que es altamente honroso ser castigado por los que nos desprestigian ante el mundo civilizado[...]

Hubo alboroto, y los dos socialistas salieron del salón acompañados de los republicanos que los apoyaron, señaladamente Aguilera y Arjona y Joaquín Dicenta.

En diciembre del mismo año 1909 el alcalde propuso que se levantaran cuatro estatuas a otros tantos héroes de la campaña del Rif, pidiendo la urgencia para la moción. Iglesias habló en contra:

> Esta minoría, opuesta a cuanto vaya contra la justicia y la humanidad, no puede votar, porque lo que se pide es la glorificación de algo que va contra aquéllas.

La guerra del Rif ha sido una guerra de conquista, no de defensa del honor nacional, y por eso nosotros, y los que piensan como nosotros, nos oponíamos a ella, y ya que no pudimos conseguir nuestro propósito, no nos toca ahora más que sentir la muerte de cuantos en ella han perecido, de un lado y de otro, condenar a los culpables de que se hubiese suscitado y deplorar que los que allí fueron no se volvieran contra los causantes de la guerra y de los males que de la misma se han derivado.

Que las fuerzas enviadas al Rif no lo fueron para reparar ninguna ofensa al pabellón español, sino para apoderarse de una parte de él, no es ahora una suposición, como al principio de la guerra, sino un hecho, como lo prueba la ocupación por las tropas españolas de 500 kilómetros de dicho territorio. Ha sido, pues, una guerra de conquista, una guerra en la que se ha atentado a la independencia de un pueblo, y si por haber peleado bien y haber dado su vida los que fueron allí, no por culpa suya, sino obligados por el gobierno de entonces, hay que glorificarlos, que glorificar habrá también a los hombres de aquel país que hicieron lo propio [...]

Interrupciones de muchos concejales y del alcalde, que acusa a Iglesias de injuriar al ejército; Iglesias lo niega, ateniéndose a lo dicho, y los concejales republicanos votan con los socialistas en lo relativo a las estatuas.

Fue entonces Iglesias —léase siempre la minoría socialista— censurado por no ocuparse en el ayuntamiento sino de pequeñeces. De ello le acusaron los alcaldes —uno de ellos porque pedía las cuentas de lo gastado para festejar la boda del rey— y, casi en general, la prensa, que entonces no daba importancia alguna a las sesiones del Consejo y que en gran parte estaba *informada* por redactores que tenían credenciales del municipio o relaciones amistosas con los alcaldes.

Iglesias censuró las lenidades y descuidos de los tenientes de alcalde en la vigilancia por que el pan, por ejemplo, tuviese el peso debido; denunció toda clase de gatuperios, grandes y chicos; fue defensor incansable de los asilados, de los recogidos como mendigos en locales inmundos, cien veces peores que rediles, y también de los obreros y de los empleados humildes, mejorando en lo que pudo la condición de éstos y la alimentación de los asilados, y, por el contrario, fue tacaño en votar gratificaciones para los altos empleados.

En los grandes negocios —que los hubo— hizo lo que pudo para impedirlos. Alguna vez si la mayoría del Consejo hubiese votado una enmienda de los socialistas para la ejecución de una obra considerable se habrían ahorrado sobre 74.000 pesetas.

Iglesias y sus compañeros hicieron lo que pudieron, poniendo en el empeño celo y diligencia; pero, además, simplemente *estando* en el ayuntamiento impidieron que se hicieran cosas no limpias.

El día 1.º de enero de 1910 tomaron posesión los nuevos concejales, entre los que había dos socialistas, dignísimos sucesores de los salientes: Antonio García Quejido y Vicente Barrio. Iglesias se despidió sobria y lealmente:

> Hemos cumplido lo que prometimos; ello nos ha valido la antipatía de ciertas gentes y la enemiga de otras. En cambio, tenemos la satisfacción de haber hecho lo que debíamos.
>
> Enemigo de convencionalismos, no diré cosas que no siento. Saludo cortésmente a todos: a alcalde y concejales; para algunos tenemos cierto afecto; para varios amistad. Cuanto a los empleados de la casa, nos despedimos también de ellos, como han hecho todos, para que no se crea que nuestra actitud es despectiva; pero diré que mu-

> chos de ellos nos recibieron muy mal y alguno nos maltrató de palabra. A su conducta hemos respondido con gran nobleza, procediendo siempre con todos con un gran espíritu de justicia. Sírvales esto de lección para que no hagan con otros lo que con nosotros hicieron.

Dicenta encomió la labor realizada por los socialistas, de la que había sido testigo durante algunos meses.

En el verano de 1907 los marroquíes de Casablanca asesinaron bárbaramente a tres obreros españoles, seis franceses y dos italianos, y esto puso en movimiento a los gobiernos de Francia y de España, que enviaron fuerzas militares a Casablanca, con lo que se presumió el comienzo de una guerra de conquista: Francia para ocupar el territorio que le había sido asignado y España —quizás obligada por Francia— para establecer posiciones en el suyo.

No se descuidó *El Socialista* en dar la voz de alarma, previniendo a todos para que se prepararan a luchar contra la eventualidad de la guerra, y caso de no poderla impedir, para que a ella fuesen pobres y ricos.

> A impedir la insensata renovación del nefasto "hasta el último hombre y hasta la última peseta" de las absurdas guerras coloniales, y a imponer el "o todos o ninguno", que no es sino el cumplimiento estricto de la ley.

Esta excitación o llamamiento motivó un nuevo proceso de Iglesias.

En agosto de 1907 —semanas después de los sucesos— se reunió en Stuttgart el VII Congreso Socialista Internacional, y en él Iglesias se entendió con la delegación francesa a fin de presentar una moción condenando todo atentado contra la independencia de los pueblos y señaladamente contra la independencia de Marruecos, encomendando al proletariado francés y español la tarea de impedir o dificultar toda guerra de conquista. Y sabiendo, o presumiendo, que Inglaterra era factor importante en este feo asunto —sobre todo en lo que a España se refería— se encargó también a los delegados ingleses que movieran la opinión de su país.

Allí mismo se pusieron de acuerdo las delegaciones española y francesa, conviniéndose en llevar a cabo simultáneamente una campaña intensa de agitación en los respectivos países, suscribiendo ambas un manifiesto y comenzando las reuniones políticas con una celebrada en París, en la que hablaría un socialista español, y otra en Madrid, con asistencia de un socialista francés.

Se redactó y firmó el manifiesto, corto y bien concreto, y el domingo 6 de octubre comenzó la campaña.

Pero Iglesias, que había de tomar parte en el mitin de París, fue expulsado de un modo grosero por el gobierno de Clemenceau, en el que estaban, por cierto, los *antiguos correligionarios* Viviani y Briand; y el diputado Willm, que llegó a Madrid para hablar en nombre del proletariado francés, también fue puesto en la frontera por el gobierno de Maura.

Se llevó a cabo la campaña, que duró unos tres meses, celebrándose 80 actos públicos, en los que intervinieron sobre 300 organizadores, elevándose al gobierno unas conclusiones, que consistían en reclamar que no se enviaran tropas a Marruecos, retirar las enviadas a Casablanca y respetar la independencia de dicho país.

En enero de 1908 la ocupación de Mar Chica motivó nuevas protestas de los socialistas españoles, que achacaron esta operación a apremios de Francia. Y en 1.º de mayo de 1908 y también de 1909 la protesta contra una guerra posible constituyó una de las reclamaciones formuladas en la manifestación.

Asimismo, en tiempo de quintas se celebraron muchas reuniones pidiendo el servicio militar obligatorio; más exactamente la supresión del servicio militar; pero en tanto se llegaba a ella, la desaparición de la redención a metálico.

Y llegó el verano de 1909 y el gobierno dejó traslucir que se iba a enviar a Marruecos 20.000 soldados. El 28 de junio el Comité Nacional publicó un manifiesto llamando a los obreros para que por todos los medios legales se opusieran al envío de fuerzas que pretendía realizar el gobierno, "obligado por compromisos internacionales que el país desconoce", y reclamando nueva y perentoriamente que no se consintiera la redención a metálico del servicio militar.

Se organizaba la campaña, se había iniciado más bien —en Madrid se celebró un mitin y a Iglesias se le procesó por lo que en él dijo—, cuando se envío a Marruecos las tropas, formadas en buena parte por reservistas, de los que no pocos habían constituido familia, y se suspendieron las garantías constitucionales.

La salida de estas fuerzas produjo en Madrid un tumulto, en el que fue parte principal la juventud socialista, y en Barcelona ocasionó la huelga general revolucionaria, que se extendió a algunas comarcas industriales de la provincia: 26 de julio.

Inmediatamente se reunieron los Comités Nacional del partido y de la Unión, acordándose declarar en toda España la huelga general el día 2 de agosto, y como era de presumir que el manifiesto que se preparaba no pudiese circular y también que fuera secuestrada la correspondencia, se enviaron emisarios para transmitir verbalmente el acuerdo de la huelga.

Se imprimió el manifiesto, violentísimo, suscrito sólo por Iglesias, y, en efecto, fue recogido y denunciado.

Y nuestro hombre, con unos cuantos más, fue encarcelado en Madrid, como lo fueron en toda España cuantos significaban algo en la organización obrera, lo cual no impidió que hubiese huelga general.

Se sometió a la Barcelona rebelada —y también calumniada por el gobierno en los días de incomunicación—,[2] extremándose la crueldad en la represión, lo que movió durísimas protestas en todo el mundo civilizado, protestas que llegaron al desorden tumultuario en muchas capitales cuando se fusiló a Francisco Ferrer, certeramente señalado como mártir de una idea. Por entonces la Federación Internacional de Obreros del Transporte declaró el boicot a los barcos españoles, acuerdo cuya realización fue suspendida a instancias de la Unión General de Trabajadores, que, como sabemos, presidía Pablo Iglesias, el cual estuvo en la cárcel más tiempo que el resto de los detenidos por haber caído sobre él, precisamente en aquellos días, tres procesos —tenía que responder de otro algo antiguo— y andar el juez muy moroso en la concesión de la libertad provisional, aun bajo fianza metálica.

Pero Iglesias tenía pluma y *El Socialista*, y escribió con dureza, llegando su censura a las veleidades de la mayor parte de la prensa y a la inconcebible pasividad de los prohombres republicanos.

> Conocíamos el descrédito y el servilismo en que ha caído la prensa burguesa; pero jamás pensamos que llegara tan abajo que su cobardía fuera tan grande, que sin transición ninguna, de golpe y porrazo, dejara de sostener

lo que sostenía antes, para defender precisamente todo lo contrario.

No ignorábamos la falta de entereza y energía que caracteriza a los caudillos republicanos; pero no hubiéramos creído, sin ver lo que estamos viendo, que fueran capaces de desempeñar el triste papel que están desempeñando en estos momentos.

Ya en libertad, de acuerdo con sus colegas de comité, ofreció las fuerzas del partido a cuantos quisieran derribar al gobierno.

El día 13 de octubre se fusiló a Francisco Ferrer, "con cuyo asesinato —escribió Iglesias— se ha satisfecho la saña de los actuales gobernantes y el odio de la gente más vil y ruin que pisa nuestro suelo"; se quiso celebrar en Madrid un mitin el siguiente domingo, y no fue posible; cayó el gobierno el día 21, y el 24 se efectuó una manifestación formidable, a la que convocaron un senador y casi todos los diputados republicanos, los Comités de la Unión General y del Partido Socialista, los directorios de los partidos republicanos federal y progresista, los concejales republicanos y hombres de gran prestigio como Luis Simarro, Rafael Salillas, José Ortega y Gasset, Juan Madinaveitia y otros.

Al ofrecimiento hecho en *El Socialista*, que reiteró una comisión del Comité Nacional, habían contestado los diputados republicanos Galdós, Azcárate, Melquíades Álvarez, Romero, Hermenegildo Giner de los Ríos, Llorente, Pedregal, Jimeno Rodríguez y Azzati, y por representación Soriano, Beltrán, Nougués y Cervera, aceptando "una inteligencia política con los socialistas para emprender, en momento oportuno, una campaña en favor de los grandes ideales de la libertad y en contra de la reacción".

Después se consultó a las agrupaciones, que rápidamente votaron en favor de la inteligencia y alianza con los republicanos, y el domingo 7 de noviembre de 1909 quedó fundada solemnemente la conjunción republicano-socialista en un mitin que presidió Benito Pérez Galdós...

Pongamos fin a este capítulo haciendo constar que a Marruecos fueron *pobres y ricos*, porque se cumplió la ley, y dando una noticia que parecerá algo extraña, y es que el teniente coronel Ibáñez Marín, muerto en el espantoso Barranco del Lobo, y nuestro Pablo Iglesias fueron muy amigos, como también lo fue de otros militares de categoría.

NOTAS

1. Uno de los primeros actos de la minoría socialista fue renunciar al reparto de credenciales, pidiendo, en cambio, que el ingreso en el Ayuntamiento fuera siempre por concurso u oposición, y que los ascensos se diesen a la antigüedad y al mérito bien demostrado. Completaba esta proposición otra pidiendo que, en tanto recaía acuerdo, quedase suspendido todo movimiento de personal.

Esta proposición, apoyada por una reunión pública y por la adhesión de la Cámara de Comercio, fue desechada. ¡Los concejales vieron con gusto la renuncia de los socialistas a manejar credenciales, porque de este modo tocaban a más! Una de delineante que le correspondió a Largo Caballero, y que éste no utilizó, le fue dada al hijo de un alto empleado, mozo de dieciocho años, sin nociones de dibujo y suspendido en ejercicios de escritura al dictado.

En un estudio que hicieron los socialistas de la posible extensión del nepotismo, y sólo con datos de 41 concejales y ex-concejales, resultó que había empleados dos ex-concejales y los siguientes familiares: un padre, un suegro, un nieto, cinco primos, nueve cuñados, 16 sobrinos, 20 hermanos y 20 hijos.

Además, se vendían y compraban credenciales. En una sesión dijo Iglesias que le había visitado una pobre mujer pidiéndole colocación para su marido. "Se la pido a usted —dijo— porque no tenemos cuarenta duros."

2. Manuel Buenacasa, militante sindicalista catalán, que prestaba servicio en Barcelona por aquellos días, escribe en su libro *El movimiento obrero español,* 1928, lo siguiente: "Es del dominio público que la guarnición de Barcelona fraternizó con el pueblo y que fueron regimientos de las demás regiones enviados a Cataluña para sofocar la sublevación los que sometieron a los sublevados".

CAPÍTULO 10

CONJUNCIÓN REPUBLICANO-SOCIALISTA. AMISTAD DE BENITO PÉREZ GALDÓS CON EL VIEJO INTERNACIONAL

Pasaba Iglesias de la cincuentena, trabajaba mucho, vivía con estrechez —ahora compartida— y menudeaban en él cada vez más los viejos achaques. Estaba bien atendido por una compañera; pero no todo lo que ordenaban los médicos amigos era de fácil realización, porque las carnes y los pescados blancos, por ejemplo, cuestan caros, y también cuesta dinero descansar unas semanas en la sierra o pasar una temporada junto al mar, en lugares templados.

A esta angustia puso remate el viejo colega de Iglesias en la Internacional, el platero Inocente Calleja, que en uno de los arrechuchos se enteró bien de lo que ocurría. Estuvo Iglesias postrado; nada faltó en la casa, y cuando, ya convaleciente, quiso poner coto a las prodigalidades de su amigo, no lo logró, y bien pronto por motivo tan desgraciado cuanto humano, la ahijada que le cuidaba —viuda con un hijo adolescente— murió.

Mientras *se resolvía algo*, Calleja se adscribió al hogar de su amigo para que le cuidaran a él y al mocito en lo relativo a nutrición y avío de ropa; pero lo provisional se hizo normal, y cuando Juanito A. Meliá, el entenado de Iglesias, contrajo matrimonio, Calleja se trasladó por completo al hogar de su amigo, buscando casa más amplia, sana, tranquila y soleada, y encontrándola en la calle de Ferraz.

Nuestro Iglesias seguía cobrando del partido las 45 pesetas semanales —las dietas que por ser concejal le abonaba la Agrupación Socialista madrileña, algún que otro día, las entregaba para los compañeros que le ayudaban en la redacción de *El Socialista*—; mas ahora, unas veces de modo regular y otras irregularmente, sus ingresos aumentaban en algunas decenas de pesetas al mes por colaboraciones en periódicos extranjeros *de la idea* y en diarios de Madrid, Barcelona y Bilbao.

Y en esta etapa de su vida ocurrió algo merecedor de ser consignado, porque ello revela el desinterés de Iglesias, y fue que desde abril de 1910 a octubre de 1915 estuvo la dirección de *El Socialista* en manos que no eran las suyas. Así, durante dos años y medio cobraba en la agrupación por dietas como diputado unas 225 pesetas al mes, mientras que el director del periódico percibía 500 y 250 el redactor que menos.

Era Calleja para Iglesias el hermano mayor, que riñe al pequeño como a chico mal criado, y que mira por él con cariño de jefe de familia; pero llegó un día en que Calleja necesitó también ser cuidado. En la primavera de 1915 los médicos le ordenaron que se trasladase a clima templado, y acompañado de Iglesias marchó a un pueblecito cercano a Valencia, donde murió a los pocos días de llegar.

Por el testamento Calleja repartió sus bienes entre tres ahijados suyos, el encargado y el oficial del tallercito y la esposa de Iglesias, a la que hizo dueña de los famosos hoteles de El Escorial, "porque de habérselos legado a Pablo éste los hubiera vendido para emplear el dinero que le diesen en ayudar al sostenimiento del partido y del periódico". Para Iglesias había una manda de 10.000 pesetas, que inmediatamente pasó a la caja de *El Socialista*, dándose noticia del donativo, pero recatando el nombre del donante.

No se piense, por lo que va dicho, que con la relativa abundancia recobrase Iglesias la salud por completo; las posibilidades de atender a gastos de cierta consideración y los cuidados asiduos de los que le rodeaban prolongaron su vida y disminuyeron los dolores de ella. El doctor Jaime Vera, que tanto le atendió en su dolencia, dijo que la esposa de Iglesias evitó que éste muriera joven; Jaime Vera, que en el lecho de muerte dejó al doctor Huertas el encargo supremo de atender a su amigo, encargo que fue cumplido religiosamente.

Desde 1904 no pasó año sin que Iglesias guardara cama durante algunas semanas, y, desde el invierno de 1914 a 1915, fue tan precaria su salud, que ya no se podía contar con él para empresas de consideración.

El año 1910 asistió por última vez a un congreso internacional: el de Copenhague,[1] donde intervino con su palabra, y en 1912, también por última vez, asistió a un congreso nacional del Partido Socialista celebrado en Madrid, al que concurrieron delegados franceses y portugueses, recibiéndose entonces la grata visita del diputado belga Emilio Vandervelde, de la Secretaría Socialista Internacional.

En el congreso nacional de 1912 se hizo ya bien perceptible la afluencia al partido de elementos de las profesiones liberales, muchos de los cuales consideraban necesaria una revisión del programa mínimo y la redacción de un programa agrario.

No veía Iglesias que ello urgiera, mas no se opuso a la reforma, que se llevó a cabo redactando programas parciales, aunque no se los aprobó ni en el congreso de 1912 ni en el siguiente de 1915, sino en el de 1918.

Para Iglesias lo esencial, casi lo único, era la organización del partido proletario como clase, y su acción neta y clara contra la clase dueña de los medios de producción y de cambio, y ello utilizando todos los derechos políticos, siempre dentro de la legalidad... mientras no hubiera fuerzas para rebosarla.

Por esto, sin intervención suya, se realizó la reforma de lo que era y es circunstancial y transitorio; por esto no fue nunca un teórico ni pretendió serlo; por esto fueron puras leyendas sus rivalidades con el doctor Vera y su mal encubierta hostilidad hacia intelectuales y aun *intelectoides*.

El último congreso de la Unión General de Trabajadores a que pudo asistir Iglesias fue al de 1914, donde se le reeligió presidente del Comité Nacional, cargo que ocupó hasta su muerte, lo mismo que el análogo del Partido Socialista.

Por las elecciones para los respectivos Comités Nacionales hechas por el congreso del Partido en 1915 y en la Unión General de Trabajadores en 1916, resultaban en este último año los dos Comités Centrales compuestos del modo siguiente:

Pablo Iglesias, presidente de ambos; Julián Besteiro, vicepresidente del Partido y vocal de la Unión; Francisco Largo Caballero, vicepresidente de la Unión y vocal del Partido; Daniel Anguiano, secretario-tesorero del Partido y vicesecretario de la Unión; Andrés Saborit, vicesecretario de la Unión y vocal del Partido y de la Unión; Virginia González, vocal del Partido y de la Unión; Francisco Núñez Tomás, secretario de actas, y Luis Torrent, Toribio Pascual, Luis Araquistain y Luis Pereira, vocales del Partido; Vicente Barrio, secretario-tesorero, y Modesto Aragonés, Eduardo Torralba Beci, Manuel Cordero y José Maeso, vocales de la Unión General.

En esta etapa que ahora estudiamos (1910-1915) Iglesias actuó como diputado a Cortes, con lo que su fama de hombre votado a la causa de los humildes se extendió y acendró aún más, y por esto seguramente un industrial acaudalado, que nunca tuvo relación personal ni con Iglesias ni con la organización obrera, poseído sólo de un alto sentimiento de humanidad, dejó al morir un millón de pesetas para fundar y sostener una escuela en que se diera educación, alimento y vestido a los hijos de obreros, encomendándolo todo a la intervención de Pablo Iglesias. Llamábase este hombre Cesáreo del Cerro, y su ideal se ha realizado plenamente. ¡En algún momento de hondísima amargura Iglesias pidió a Besteiro —alma de la bella institución— que no la abandonase jamás!

Tenía la Conjunción republicano-socialista sólo una finalidad inmediata: arrojar del poder a Maura y a La Cierva; lograda bien pronto, se amplió el objetivo de la alianza a la instauración de la República, "puesto que la monarquía era la verdadera culpable o responsable de lo ocurrido".

No todos los elementos republicanos entraron en la coalición con sincero entusiasmo, y así hubo pronto disgustos y disgregaciones. Los radicales se separaron —mejor dicho, cortaron el hilo tenuísimo que los ataba, cuando a fines de 1910, Azcárate y Pablo Iglesias no encontraron bien dos acuerdos del ayuntamiento de Barcelona; a Sol y Ortega le pareció "excesiva" la actividad de los socialistas —al fin, partido de clase—, y en junio de 1913 sobrevino la separación de los elementos llamados reformistas porque consideraron posible una evolución de la monarquía hacia la democracia.

Tuvo también la Conjunción adversarios dentro del Partido Socialista, porque veían que éste no podía "hacer política de clase" por respeto a sus aliados,[2] y por ello en los congresos de 1915 y 1918 se planteó el problema de la disolución o de la permanencia de la alianza, prevaleciendo el último criterio, que era el de Iglesias.

Fue nuestro hombre el miembro más activo de aquel conglomerado, dando así la razón a Sol y Ortega, y lo fue, no de un modo deliberado ni con fines de proselitismo, que hubieran sido desleales, sino por natural impulso, por deber y acaso por optimismo.

Mientras se lo consintió el estado de su salud, habló en reuniones públicas junto a la mayor parte de los prohombres del republicanismo —Azcárate, Menéndez Pallarés, Galdós, Esquerdo, Pi y Arsuaga, Melquíades Álvarez—, o en unión de correligionarios, o explicando conferencias, y esto en Madrid y en todos los rincones de España. Ahora la tarjeta de diputado eliminaba el gasto más considerable de las campañas de agitación y propaganda: el del ferrocarril, dejando sólo el coste de las dietas, que, por cierto, no eran mayores de diez o doce pesetas.

Habló contra la guerra de Marruecos, contra la Ley de Jurisdicciones, contra las arbitrariedades y atropellos consuetudinarios de las autoridades y sus agentes y también contra los muy desusados cometidos con pretexto de aquella huelga general de 1911 —trágica en Cullera—, en la que se advierte la intervención de agentes provocadores, quizás a sueldo del gobierno; habló en favor de la revisión del proceso de Ferrer y el de los fusilados en 1909, y, sobre todo, fue siempre contra el régimen. Contra éste, desde luego, iniciándose la campaña con dos conferencias explicadas en la Casa del Pueblo —febrero 1910—, cuando "una zancadilla del señor conde de Romanones" arrojó del poder a Moret "porque se temía que trajese muchos diputados republicanos".

> La garantía de que esto no ocurriría y de que el nuevo presidente, señor Canalejas, no podría realizar su programa, era la presencia en el gobierno, con sendas carteras, de los señores García Prieto, Romanones y el abogado de la Real Casa señor Cobián. Con el señor Canalejas la monarquía busca sólo quemar el último cartucho liberal para justificar la vuelta de los conservadores.

Y en todo momento aprovechaba para su propaganda cuanto fuese demoledor. Así cuando Gasset, sacrificado a los conservadores con otros dos ministros, en marzo de 1912, denunció desde *El Imparcial* verdaderas enormidades cometidas por los tribunales de justicia para servir a los caciques políticos, en reunión pública celebrada por la Conjunción y presidida por Melquíades Álvarez, Iglesias dijo:

> En España se puede hacer todo teniendo buenos amigos políticos: "Mata al rey y vete a Murcia", dice una frase popular, y es verdad; verdad también que las Audiencias están perfectamente dispuestas para que ganen los pleitos unos cuantos caciques políticos; verdad asimismo que se arreglan las Salas del Supremo para que personajes políticos, por sí o por medio de representantes suyos, beneficien sus intereses ofendiendo a la justicia.
>
> Por fútiles pretextos hay procesadas hoy gran número de sociedades obreras cuya vida se halla suspensa; por cosas, en realidad pequeñas, hay infelices en la cárcel que son cien mil veces más honrados que muchos de los que figuran en política, más honrados que los que visten levita, van a los Consejos de la Corona o a otros consejos y a

> todas horas hablan de moral y rectitud, cuando por su modo de proceder deberían ser arrastrados por las calles de Madrid. Después de la actitud observada por el gobierno ante las denuncias del señor Gasset, las cárceles y los presidios deberían ser abiertos [...]

Iglesias corrió de nuevo España predicando principalmente contra la guerra de Marruecos; Andalucía, Extremadura, Levante, las dos Castillas, Galicia, Asturias, las Vascongadas y Cataluña fueron por él visitadas, y al regreso de una de estas excursiones, de vuelta del congreso de Copenhague (1910), tuvo en Madrid un recibimiento como de apoteosis. Un año después, la excursión de propaganda contra la guerra fue cortada por el gobierno (1911), que necesitaba —y le produjo— pretexto para suspender las libertades y enviar tropas a Marruecos. En aquella campaña se celebraron un mismo día reuniones internacionales de protesta contra la guerra en Madrid, en París, en Berlín —donde Jaurès habló en alemán—, en Londres y en Roma. En aquella ocasión Iglesias habló en Tolosa, de Francia, ofreciéndole una linda muchacha un hermoso ramo de flores y sus mejillas para que las besara.

Cuando estalló la guerra europea, el criterio de Iglesias y el de todo el Comité del partido o el de la mayoría de éste, fue el siguiente:

> El capitalismo de todos los países en lucha es el responsable de la guerra. Hay que examinar la realidad con el pensamiento puesto siempre en las aspiraciones del proletariado. Uno de los contendientes es la representación acabada del más odioso imperialismo; el otro, aun luchando por el interés capitalista, está más influido por un espíritu democrático. De vencer el imperialismo austrogermano habrá un retroceso o un alto para el socialismo; de ob-

tener la victoria los países aliados, nuestra causa realizará grandes progresos, incluso en Alemania y en Austria.

Continuó Iglesias, como decimos, denunciando abusos, atropellos y atrocidades de las autoridades y sus agentes, y hasta resucitó alguna vez en *El Socialista*, durante el gobierno de Canalejas, la sección famosa "Toda España es Montjuïc"; pero ahora las reclamaciones solían dar resultados apreciables.[3]

En noviembre de 1912 fue asesinado Canalejas, y este asesinato, obra de un demente, lo utilizaron los elementos dinásticos —con pocas excepciones— y los de la extrema derecha para acusar a Iglesias poco menos que de inductor, violentando algo que dijo en el Congreso al juzgar la conducta del gobierno de Maura en agosto de 1909.

Iglesias contestó en el Parlamento cuando allí se llevó el asunto. Fuera de él, la Agrupación Socialista Madrileña organizó un acto de solidaridad, con centenares de adhesiones de España y del extranjero, que fue magnífico. En él se leyó una carta de Jaime Vera, de la que son estos párrafos, que retratan bien al apóstol:

> Iglesias no es un fanático, ni un exclusivista o particularista, ni un terrorista, ni idealista, ni de los de espíritu jurídico, ni sociólogo, ni sabio.
>
> Y de todas estas cualidades negativas, y por ellas mismas, resulta un magnífico hombre de predicación y de acción, un artista de la política, un político de primer orden, en el cual destaca la suprema cualidad del acierto.
>
> Su campaña parlamentaria no será superada jamás, y la organización de la clase obrera está ahí para testificar sus aciertos.
>
> No extrañe a nadie nuestro cariño y nuestros senti-

mientos de admiración para mi viejo camarada Iglesias el infatigable. Iglesias es nuestro órgano, Iglesias es nuestra lengua, Iglesias es parte nuestra; de nuestra carne, de nuestra sangre; Iglesias es un pedazo del inmenso corazón que hemos formado fundiendo en uno los corazones de todos [...]

No damos a estas manifestaciones el carácter de defensa porque eso significaría que encontrábamos en las acusaciones algo racional, y, al contrario, son de una absurdidad absoluta.

Desde *El Socialista* hizo Iglesias destacar bien en aquellos días cómo no enterrado aún el cadáver de Canalejas los políticos disputaban, y cómo el señor conde de Romanones, al enterarse de que se le daba el poder de un modo interino a García Prieto, lo pidió para él airadamente y lo obtuvo.

Iglesias también conspiró. A fines de noviempre de 1911 estuvo en París dos o tres días conferenciando con los prohombres del socialismo —Jaurès, Guesde, etc.—, en demanda de solidaridad y de apoyo moral.

Desde París se trasladó a Lisboa, donde, a más de realizar igual gestión que en París, tomó parte en la asamblea de fraternidad internacional celebrada por los socialistas el día 1.º de diciembre, aniversario del levantamiento por la independencia de Portugal, e invitado por un Centro Español Escolar democrático, explicó una conferencia, de la que el presidente del organismo dijo, respondiendo a acusaciones de periódicos madrileños: "Tuvo entre sus párrafos uno, verdadero canto a la Patria, por cuya dicha hizo fervientes votos, y para la que pidió la cooperación de todos sus hijos [...] De otro modo no hubiera podido hablar en un Centro cuyo escudo va envuelto en los nobles pliegues de la bandera española".

Porque se ha de advertir que hubo periódicos que vieron en aquellos viajes manejos antipatrióticos "del endiosado e inculto personaje", "del obcecado e ignorante jefe de los socialistas..., hombre temible como el mal, como la deslealtad, como el despecho, como el odio..."

Tenía la Conjunción republicano-socialista un Comité Nacional ejecutivo en el que —justamente con otros— estaban Benito Pérez Galdós y nuestro Pablo Iglesias. Conocía éste de Galdós algunas novelas, pocas, y algunas obras dramáticas —al estreno de *La de San Quintín* asistió con el autor de estas líneas y aplaudió de firme, viendo en el maestro un futuro socialista, aunque no militante, ¡oh bendito optimismo!—. Pero Galdós de cierto no conocía a Iglesias sino como le conocían las personas cultas y sensatas, ni sabía lo que era por dentro el movimiento obrero, ni había visitado la Casa del Pueblo.

Y he aquí que los dos hombres simpatizaron y llegaron a verse unidos por una amistad leal y estrechísima. Iglesias encontró en Galdós un hombre cordial, ingenuo, sencillo, confiado y casi infantil, en materia política sobre todo, y Galdós encontró en Iglesias un hombre votado a unos ideales, recto, leal, firme y también de entendimiento poderoso.

Y además las visitas que por deber y por gusto hizo a la Casa del Pueblo le mostraron un mundo nuevo para él, lleno de maravillas. Aquella actividad, aquella seriedad, aquellas secretarías llenas de hombres que dirigían y administraban colectividades, aquellas asambleas generales de tal o cual organismo en los salones, con discusiones bien ordenadas, aquella biblioteca en que trabajaba un puñado de obreros, le mostraron el embrión de una sociedad mejor y, desde luego, la elevación de toda una clase consciente de su fuerza y de su responsabilidad.

Galdós no se cansaba de ver ni de preguntar; Galdós oía a Iglesias recogido, y alguna vez le habló de "hacerse socialista", de entrar en aquella admirable Casa del Pueblo, hogar de democracia, fábrica de voluntades y de hombres conscientes. Pero Iglesias, sin dejar de satisfacer la curiosidad insaciable del hombre ilustre, consideraba sus propósitos como algo de novelería.

Se visitaban en los respectivos domicilios; Galdós regaló a Iglesias algunos *Episodios*, y hasta comprometió a éste para pasar juntos unas semanas en la "Quinta de San Quintín", lo que no pudo realizarse.

Un amigo que a veces llevaba recados verbales de Iglesias a Galdós nos cuenta que éste "hacía verdaderos extremos para manifestar el cariño y la admiración que sentía por Iglesias".

NOTAS

1. En el congreso de Copenhague se votó la siguiente resolución: "El Congreso Socialista Internacional, ante los acontecimientos trágicos de que España, y particularmente Cataluña, han sido teatro en el año último, hace constar su simpatía plena a los camaradas del Partido Socialista español, a los militantes de Cataluña y a todos los obreros organizados de España que, conforme a las decisiones de la Internacional, opusieron a la aventura marroquí la acción colectiva del proletariado; protesta contra la represión bárbara de que nuestros compañeros de Barcelona y de otras poblaciones han sido víctimas, y en particular contra el asesinato seudojurídico de Ferrer, y saluda en la elección del compañero Iglesias, primer diputado socialista por la capital misma de la monarquía, el signo decisivo del despertar de la conciencia de clase entre los trabajadores españoles".

2. Publicaba *El Socialista* máximas o exhortaciones cortas, que llaman *entrefiletes,* a modo de relleno para el ajuste; se retiraron inmediatamente las que podían mortificar a los aliados, y entre ellas se encuentra la siguiente, llena de clarividencia: "Trabajadores republicanos: Si, en vez de estar treinta y seis

años esperando la implantación de la República, os hubieseis alistado en el Partido Socialista, la situación moral y material de la clase a que pertenecéis sería mejor de lo que es hoy".

3. Por ejemplo, en agosto de 1912 aparece en *El Socialista* una carta del ministro de la Gobernación a Pablo Iglesias haciéndole saber que "se han impuesto dos meses de calabozo al guardia civil que abofeteó a un obrero y se ha amonestado a su compañero por haberlo callado".

CAPÍTULO 11

IGLESIAS, DIPUTADO A CORTES. TRANSFORMACIONES EN EL PARTIDO

El 8 de mayo de 1910 hubo elecciones legislativas. Iglesias iba en la candidatura de Madrid y fue diputado por más de 40.000 votos,[1] siendo reelegido en las sucesivas convocatorias.

Como dice Vera, realizó en el Parlamento una buena labor, aun llegando al escaño de representante cuando ya andaba en los sesenta años y era muy precaria su salud.

Dominaba Iglesias totalmente su pensamiento y su palabra: no abordaba asuntos que no conociese hasta en el menor detalle; las interrupciones y la hostilidad no le cohibían ni alteraban; decía lo que quería decir en lenguaje claro y desprovisto de adornos; llamaba a las cosas por su nombre; era duro en la expresión, en el ademán y en el gesto; no tenía nunca elogios para el adversario, pero tampoco tenía injurias ni reticencias; se conducía, en suma, como le ordenaba su conciencia; así que, desde luego, "desentonó", por no respetar convencionalismo ni tópico alguno.

La Cámara en general le fue hostil, y con frecuencia hubo de escuchar —y de rechazar— insidias y acusaciones relativas a su condición de hombre retribuido por los obreros. La primera, aun antes de constituirse el Congreso, fue lanzada por un diputado de la dilatada y antipática especie de los "incondicionales" o "quitamotas", y años después fue un ministro de Fomento —responsable, con Canalejas, de cierto proyecto de ley relativo a los obreros ferroviarios, tan absurdo y reaccionario que aun los conservadores lo repudiaron— quien, perdiendo los estribos, llamó a Iglesias "explotador de los obreros" y "explotador de huelgas", con aplausos y aclamaciones de la mayoría.

Además, con mucha frecuencia era interrumpido, unas veces cortésmente, otras con impertinencia y algunas con propósito de mortificarle; siempre supo en estos casos dar la réplica adecuada.

En el primer discurso que pronunció ya constituido el Congreso —se discutía la conducta del gobierno de Maura en agosto de 1909— hizo constar, primero, que hablaba como miembro del Partido Socialista, coligado entonces con los republicanos para un fin determinado, y seguidamente que él era un producto del taller y como tal se conduciría en los debates.

> Sé lo que son los asilos, lo que es el hospital, lo que es la cárcel, lo que es la autoridad gubernativa, lo que es la autoridad judicial, lo que son casi todos los organismos que funcionan en la vida del Estado, y esto lo sé por ciencia propia.

Después habló de las aspiraciones de su partido:

> El partido que yo represento aquí aspira a concluir con todos los antagonismos sociales, a establecer la solidaridad humana, y esta aspiración lleva consigo la supresión de la Magistratura, la supresión de la Iglesia, la supresión del Ejército y la supresión de otras instituciones necesarias para este régimen actual de insolidaridad y antagonismo.

En aquel discurso defendió a los rebelados en Barcelona, proclamó la inocencia de Ferrer, condenó indignado las insaciables ansias de venganza de la defensa social y fue implacable con el gobierno de Maura, reiterando algo que había dicho en reuniones públicas y escrito en un periódico burgués. He aquí sus palabras:

> Tal ha sido la indignación producida por la política del señor Maura en los elementos proletarios, que nosotros, de quienes se dice que no estimamos a nuestra nación, que no estimamos los intereses de nuestro país, amándolos de veras, sintiendo las desdichas de todos, hemos llegado a considerar que antes de que su señoría suba al poder debemos llegar al atentado personal.

Se produjo un tumulto espantoso, dirigiéndose algunos diputados al escaño de Iglesias con ánimos de agredirle. Se le pidió, se le ordenó por la presidencia que retirase lo dicho; pero en ello se mantuvo, incluso cuando se le dejó que lo explicara, y se salió de aquel paso, un tanto depresivo para la respetabilidad de la representación nacional, por haber caído en la cuenta el presidente del Consejo de Ministros de que aquellas palabras no eran sino repetición de otras pronunciadas fuera de aquel recinto.

A partir de aquel discurso fue cosa corriente que la mayoría de los diputados monárquicos vieran en las observaciones de Iglesias, respecto de las consecuencias desagradables que pudieran acarrear las intransigencias de los gobernantes y los abusos del capitalismo amparado del poder público, amenazas intolerables que no debían constar en el *Diario de Sesiones.*

Así, cuando se pidió la revisión del proceso de Ferrer —y ello ocasionó una crisis ministerial, aun continuando en el gobierno el señor Canalejas—, como dijera que no serviría negarla, porque la opinión de España y la del mundo volverían a reclamarla, y cuando no se atendieran las razones habría que recurrir a la violencia, se produjo el natural escándalo, y el presidente del Consejo, de seguro sin meditarlo, dijo que por las amenazas no otorgaría la revisión del proceso, aun cuando estuviera convencido de que procedía ir a ella.

Hay en todos los discursos de Iglesias una dialéctica implacable. En este mismo discurso a que aludimos habla de los grandes miramientos con que se trata en el Parlamento cuanto se refiere a la institución militar, lo que no ocurre cuando se discute la conducta de la magistratura, de las autoridades gubernativas, etc. En estos casos el ministro de Gracia y Justicia, el de la Gobernación o el presidente contestan sin invocar honor alguno.

> ¿Es porque la institución militar tiene una disciplina? Pues esa disciplina se ha quebrantado no pocas veces, y no ciertamente por los elementos más humildes, sino por los que debieran dar ejemplo, por los que están a la cabeza de ella.

Combatiendo la guerra de Marruecos en mayo de 1911 se le arguye que lo llevado a cabo no era sino una operación de policía, no de conquista.

> Operación de policía se llama a lo que se acaba de hacer. Las palabras son una cosa y los hechos otra. Y éstos demuestran lo contrario, porque, según la nota oficiosa y los periódicos, al tomar las tres últimas posiciones se izó la bandera y se dieron vivas a España. (*Rumores. — Amado*: ¿Pues a quién se iban a dar los vivas?)
>
> No saquemos las cosas de quicio, señores; al decir

que se dieron vivas a España no quiero significar que debieran darse mueras, sino simplemente poner en relieve que no se trata de una simple operación de policía. También otra operación de policía costó mucha sangre y mucho dinero... (*Amado*: ¡Eso nada tiene que ver con los vivas que se dieron allí!)

¡Ya lo creo que tiene que ver, como el poner la bandera! Si invirtiéramos los términos —y con esto respondo a los que me interrumpen—, y si se hiciera lo mismo con nuestro país, ¿tendríais esa misma opinión también? (*Amado*: ¡Claro que no!) Pues con esto están contestadas cuantas interrupciones se me han hecho.

En un discurso personalísimo contestando a Iglesias, discutiendo unas huelgas de Cataluña, Canalejas habla de reformas sociales y de propósitos del gobierno en este sentido.[2]

Iglesias rechaza las acusaciones personales —entre otras, un "cuando su señoría era obrero", repetido y coreado por la mayoría—, y dice:

> Sin que le disgusten las reformas sociales, la clase obrera lo primero que quiere es respeto al derecho de reunión y al de asociación, un respeto grande, porque para desenvolver su organización, para obtener cuanto ella anhela, esos derechos son los que el oxígeno para la vida, y ninguna de esas leyes valdrá mucho si no hay fuerza obrera que las haga cumplir, y si se oponen dificultades al derecho de asociación y al de reunión, el que se dicten aquéllas nada significa.

El momento culminante de Iglesias en el Parlamento fue cuando tuvo que rechazar, indignado y sereno, la acusación de inductor al asesinato de Canalejas.

La prensa reaccionaria durante una semana estuvo excitando los ánimos contra Iglesias; al entrar y salir éste del Congreso se habían oído gritos de "¡Abajo los asesinos!" "¡Muera Pablo Iglesias!", y con este motivo hubo riñas en la calle; hasta se celebró una reunión pública, en la que jóvenes aspirantes a diputados se despacharon a su gusto. Por fin, Senante, carlista, aludió directa y sañudamente a Iglesias.

Habló, y cada párrafo fue coreado por las increpaciones y las injurias y algunas veces se sentó, esperando a que se cansasen los que gritaban y gesticulaban. Se defendió y acusó:

> Yo tengo que decir aquí, por mi representación, que personalmente he condenado siempre la propaganda por el hecho.[3] Yo he explicado mi manera de expresarme aquí respecto de determinados actos, y si no han satisfecho mis explicaciones, lo siento; pero de eso a suponer que yo he predicado contra la vida de Canalejas, como vosotros queréis decir... (*Tumulto.*)
>
> Y a vosotros, los conservadores, los que os encaráis conmigo, os pregunto: ¿Y qué razón tenéis para hablarme a mí de eso cuando durante una semana habéis estado excitando contra mí, por medio de vuestros órganos, lo que a mí me atribuís? Vosotros, los instruidos, los cultos, los serenos, los conservadores, ¿qué derecho tenéis a pedir calma a un socialista, a un hombre avanzado, de apasionamiento político, cuando habéis estado azuzando a vuestros elementos durante la semana última contra mi persona?... (*Tumulto.*)
>
> Y por si estimáis que debe servir para algo la voz de un adversario leal, y que debéis atenderla, sabed que no debéis seguir por ese camino. (*Protestas.*) Son palabras dichas lealmente y que repetiré, por estimarlas razonables; no sigáis por ese camino, que es sumamente peligroso... (*Nuevo tumulto.*)

En la calle la multitud disciplinada esperaba la salida de los diputados. No hubo ni aun murmullos de repulsa cuando salieron los que acusaron a Iglesias; sí hubo una aclamación frenética cuando salió el diputado de los obreros.

Digamos ahora de un modo sumario que mientras tuvo fuerzas Iglesias cumplió su deber en el Congreso, denunciando abusos y atropellos —tarea que él estimaba, y con razón, primordial, por lo que con ella se contribuía a la educación ciudadana— y opinando en todas las cuestiones fundamentales.

Así, cuando Canalejas presentó el proyecto de ley estableciendo las mancomunidades, Iglesias votó a favor del proyecto en cuanto tendía a establecer la autonomía de los municipios, aunque ésta hoy no benefiará gran cosa a los trabajadores, "que irán alcanzando todo lo demás, absolutamente todo, por su propio esfuerzo".

Combatió el proyecto de construir una segunda escuadra, y mostró repetidas veces su extrañeza cuando, al discutirse los presupuestos de Guerra y de Marina, oyó decir a los técnicos que España carecía de un Ejército y de una Armada *eficientes*, y, naturalmente, señaló al régimen y a sus hombres como responsables de tal estado de cosas.

Cuando estalló la guerra europea dijo clara su opinión, que era la de la mayoría del partido, no de todo él:

> Hemos manifestado nuestro deseo de que España se mantenga neutral; pero también hemos manifestado nuestras simpatías y nuestros deseos de que triunfen aquellos cuya victoria entendemos que es beneficiosa para los pueblos. Nuestro criterio respecto de la neutralidad se funda en las circunstancias en que se encuentra España. De no encontrarse en estas circunstancias, seguramente procura-

ríamos que donde van nuestras simpatías fuera también lo que nosotros juzgamos eficaz para el triunfo de nuestra causa.

Desde 1914 —o desde 1913— Iglesias interviene poco en las discusiones; verdad que desde la muerte de Canalejas, y aun desde antes, rara vez estuvo abierto el Parlamento, y cuando lo estuvo fue para votar de prisa y corriendo presupuestos o alguna ley urgentísima para los gobiernos.

Y desde 1918 se sentaron al lado de Iglesias representantes socialistas, dignos compañeros suyos.

Era Iglesias superior al Parlamento. Salvadas muy pocas personalidades, los señores diputados y aun los señores ministros se consideraron defraudados. Por las trazas —réplicas e interrupciones a discursos del apóstol— habían creído que Iglesias, el "antiguo obrero", estaba en el Congreso para pedir y proponer leyes "protectoras" —este adjetivo les aplica la sociología oficial— que mejorasen la condición material de las clases trabajadoras, permitiéndose, al pedirlas, algún desahogo sentimental y truculento en lo relativo a las "iniquidades sociales", colmando de improperios ásperos y aun disonantes a los explotadores, o dígase "vampiros".

Pero Iglesias se levantaba para pedir, para exigir justicia y respeto estricto a los derechos —y la huelga lo es—; porque lo demás, sin tutelas ni protecciones siempre depresivas, lo conquistarían por su acción los obreros, convertidos en ciudadanos conscientes de sus derechos y organizados en partido de clase contra clase.

Y un Parlamento en el que sólo una ínfima minoría podía llamarse representación legítima de libres voluntades electorales no podía entender el lenguaje civilizador y constructivo de Iglesias, como tampoco aquellos hombres, los más —casi todos— alistados en mesnadas, sin otra ley ni otra voz que la del caudillo, podían concebir la existencia de movimientos obreros, produciéndose de abajo a arriba, ni concebir la existencia de una verdadera democracia en la organización proletaria, tanto política cuanto puramente sindical o para la resistencia. Para la turba parlamentaria todo lo anómalo era ocasionado por los agitadores —casi siempre hombres que vivían de las cuotas de los trabajadores—, y algo así como los caciques, estando Iglesias en la cúspide de esta oligarquía.

Al terminar el período que ahora estudiamos —año 1916— formaban el Partido Socialista 203 colectividades con 12.631 afiliados, y la Unión General de Trabajadores 423 Secciones con 84.762 federados. Además, *El Socialista* —dirigido otra vez por Iglesias— aparecía diariamente. Y al lado de las fuerzas obreras habían surgido organismos, también proletarios, cooperativos y de auxilio mutuo en las enfermedades.

Había habido, pues, necesidad de crear cargos retribuidos para el servicio de las organizaciones, o aumentar el número de los que ya existían.

El Partido Socialista había crecido quizá más en calidad que en cantidad, por haber entrado en él profesores universitarios —Besteiro, Ovejero, de los Ríos—, profesores de instituto —Verdes Montenegro, Morán, etc.—, publicistas, médicos, arquitectos, artistas, maestros de primeras letras, estudiantes, periodistas, una bella legión, en suma, de intelectuales de verdadero mérito, de los que, casi todos, llevaban a los ideales socialistas el prestigio de su representación científica o profesional y también el de su posición social independiente, por donde no podía sospecharse que se acercasen al proletariado militante en demanda de medios materiales, y esta pléyade creciente no encontraba en Iglesias hostilidad, sino afecto.

Había cargos retribuidos porque Iglesias no podía atender a la correspondencia con los organismos locales, y sólo le quedaba la dirección del periódico —que tenía un subdirector— y la correspondencia siempre con los amigos, con los hombres prestigiosos, y para los casos delicados de diferencias, incompatibilidades de hombres y discordias.

Achacoso siempre, no asistía a los congresos de la Unión ni del Partido, pero cuando éstos se celebraban recibía la gratísima visita de representantes designados en sesión.

Tampoco asistía a todas las sesiones de los comités nacionales, sino sólo a aquellas en que habían de tratarse asuntos considerables, y algunas de estas sesiones se celebraban en la casa de Iglesias.

El verdadero encargado del periódico era el subdirector, al que Iglesias enviaba original a veces, o instrucciones y también —difícil de contentar— observaciones y reparos, y rara, muy rara vez, elogios.

Sus últimos viajes de propaganda fueron por Andalucía y Galicia; después, lector, ya no corrió por España sino en demanda de salud, o bien en trances de suma importancia, como vamos a ver.

NOTAS

1. He aquí la relación de los votos que tuvo Iglesias en las sucesivas y *excesivas* elecciones generales: mayo de 1910, 40.589 votos; marzo de 1914, 22.094; abril de 1916, 17.832; febrero de 1918, 22.638 (también fue elegido Besteiro); junio de 1919, 36.469 (con Besteiro); diciembre de 1920 —ya se había deshecho la conjunción—, 17.047 (con Besteiro), y abril de 1923 —también sin conjunción—, 21.341 (con Besteiro, Cordero, Saborit y

De los Ríos). Además tuvo por compañeros a Prieto, Largo Caballero, Anguiano, Teodomiro Menéndez y Manuel Llaneza.

2. Recordemos que durante el gobierno de Canalejas —y lo primero es la justicia— se promulgaron las siguientes reformas sociales o casi sociales: contrato de aprendizaje, ley de la silla, ley de casas baratas, supresión para la mujer del trabajo nocturno, reforma de los tribunales industriales, limitación de la jornada minera y transformación del impuesto de consumos y servicio militar obligatorio... Por cierto que para que fueran a África también los reclutas de cuota hubo que hacer campaña obrera.

3. Contestando a La Cierva en el debate de julio de 1910 acerca de los sucesos de agosto de 1909, Iglesias explicó como sigue su pensamiento acerca del atentado personal: "Mientras se pueda reclamar contra la autoridad arbitraria; mientras se puedan corregir las transgresiones; mientras se puedan evitar los atropellos, aunque se hayan sufrido, pero reclamando al fin, me parece que no es conveniente acudir a ese procedimiento; pero, si hay un tirano; si hay un hombre que no respeta las leyes, sino que falta a ellas, que las pisotea, que se vale de la fuerza de la nación para dañar los intereses de la misma y hasta para sacrificarlos, para sacrificar a los ciudadanos que no encuentran tribunales donde acudir, entonces encuentro legítimo el atentado".

CAPÍTULO 12

LA HUELGA GENERAL DEL 17. DECAIMIENTO FÍSICO

En aquel movimiento de agosto de 1917, con el que nuestro proletariado militante comenzó a escribir páginas en la historia de España —aunque también lo hiciera en 1909, y el Partido Socialista en 1898—, Iglesias tuvo menos intervención de la que podría creerse.

En junio de 1916 estuvo en la sierra, atendiendo al cuidado de su salud, y como volviese sin mejoría alguna, su amigo Vera le ordenó que se trasladara a algún pueblo tranquilo a orillas del mar, recomendándole Caldetes (cerca de Mataró) y prescribiéndole reposo absoluto. En Caldetes se agravó tanto una afección a la vejiga de la orina, que fue necesario operarle en una clínica, teniendo después que convalecer y descansar, por lo que no regresó a Madrid hasta algo andado el mes de junio de 1917, y con orden de seguir descansando.

Claro es que aun en los momentos de postración Iglesias se enteraba de todo, y opinaba y aconsejaba y decía su sentir, incluso dictando cartas; pero en tales condiciones, no podía intervenir directa y personalmente en la preparación detallada de alianzas, convenios, gestiones, planes y movimientos, ni tampoco en las resoluciones de urgencia...

Por entonces encarecía el costo de la vida, faltaba trabajo, se cometían abusos criminales, que quedaban impunes, seguía la guerra, se vivía en continuado estado excepcional, y no se reunían las Cortes.

Y así las cosas —marzo de 1916—, coincidieron la celebración en Madrid del congreso de la Unión General y en Valencia el de la Confederación del Trabajo, abordándose en los dos el problema de la carestía de la vida, falta de trabajo, etc., y concertándose una acción común, que consistía en reclamar del gobierno y del Parlamento medidas inmediatas que pusiesen remedio a los males denunciados, y si la reclamación no diera resultado, se realizaría una extensa campaña de agitación, reuniéndose después —a los tres meses— representantes de todas las regiones para organizar una huelga general de veinticuatro horas, y si ni aún así se lograra nada, habría una nueva reunión de delegados para resolver lo que procediese.

Punto por punto se llevó a término lo acordado, incluso la huelga general, que tuvo efecto el día 18 de diciembre de 1916, y como sólo se consiguiera lo de siempre, esto es, promesas solemnes y hasta palabras de honor de los gobernantes, los delegados de las regiones que formaban el Comité de la Unión General, más los de la Confederación del Trabajo y los de la Federación Local de Zaragoza se avistaron en Madrid el día 27 de marzo de 1917, acordando por unanimidad lo siguiente:

> [...]Que con el fin de obligar a las clases dominantes *a aquellos cambios fundamentales de sistema que garanticen al pueblo el mínimum de las condiciones decorosas de vida y de desarrollo de sus actividades emancipadoras* se impone que el proletariado español emplee la huelga general sin plazo limitado, como el arma más poderosa que posee para reivindicar sus derechos.
>
> Que a partir de aquel momento, sin interrumpir su acción constante de reivindicaciones sociales, los organis-

mos proletarios, de acuerdo con sus elementos directivos, procederán a la adopción de todas aquellas medidas que consideren adecuadas al éxito de la huelga general, hallándose preparados para el momento en que haya de comenzar el movimiento.

Firmaban el manifiesto Salvador Seguí (Noi del Sucre) y Ángel Pestaña, por la Confederación, y todo el Comité Nacional de la Unión, menos Iglesias, naturalmente.

Hubo suspensión de garantías, y se prendió a los firmantes del documento que no pudieron escapar, y hubo también una extemporánea huelga general en Valladolid, protestando contra los encarcelamientos.

Y días después hubo cambio de gobierno; al conde de Romanones le sucedió García Prieto. Sin dejar los trabajos de organización del movimiento, se visitó al nuevo presidente, que, como el anterior, prometió para no hacer.

Con la preparación del movimiento obrero coincidió el manifiesto que los jefes y oficiales del arma de infantería entregaron al general Marinas (1.º de junio de 1917), documento que tantas esperanzas despertó.

En la entrevista de los Comités de la Unión y de la Confederación, más los delegados de federaciones y los regionales se tomaron los acuerdos reservados necesarios para la realización con el mejor resultado posible de la huelga general, revolucionaria por su finalidad: señas seguras para mantener correspondencia que no fuera violada por la policía; propaganda intensa por los delegados; consigna equivalente a la orden de huelga, que aparecería en *El Socialista* y en los periódicos afines, y autorización al Comité Ejecutivo de la Unión para organizar y ordenar el movimiento.

Este comité se entendió inmediatamente con el del

Partido Socialista, lo que le fue facilísimo porque, como se recordará, tenían cargos en ambos Iglesias, Besteiro, Largo Caballero, Anguiano y Virginia González.

Cuando se conoció el manifiesto de la Junta del Arma de Infantería, como estaba deshecha la Conjunción, los comités estimaron necesario entenderse con los partidos antimonárquicos, hablando con Melquíades Álvarez, y por mediación de éste con los partidos republicanos, pactándose una alianza para cambiar el régimen político del país y acordando que si los militares realizaban algún movimiento y que por él intentaran establecer una dictadura, se declararía la huelga general, aunque no hubiese terminado la preparación de ella. En esta alianza Álvarez representaba a los reformistas; Lerroux, a los republicanos; Iglesias, al Partido Socialista —Besteiro le sustituiría, y le sustituyó en enfermedades y ausencias—, y Largo Caballero, a la Unión General de Trabajadores.

Vuelto Iglesias a Madrid, y aún no restablecido, tuvo bien pronto que sacar fuerzas de flaqueza para intervenir directa y activamente en el movimiento.

El 16 de junio se reunieron las minorías parlamentarias reformista, republicana y socialista, acordándose en definitiva derrocar el régimen político, por ser incompatible con la democracia, e imposible con él corregir los males, cada vez más hondos, que padecía el país.

> [...] Los que suscriben, fieles en su propósito de servir con entusiasmo el interés y el progreso de su patria, adquieren el compromiso de utilizar la representación que ostentan y su influencia en los partidos a que pertenecen para que prevalezca, por encima de toda clase de poderes, la voluntad soberana de la nación.

Días antes había caído el gobierno de García Prieto, porque —según rumores y conjeturas— quiso abrir las Cortes para llevar a ellas los problemas nacionales, y no lo pudo hacer. Le reemplazó Dato, con Sánchez Guerra en el Ministerio de la Gobernación, e inmediatamente fueron suspendidas las garantías constitucionales y establecida la previa censura.

El día 5 de julio los parlamentarios catalanes se dirigieron al gobierno para que abriese las Cortes, llevando a ellas los problemas nacionales, entre los que estaba el de las Juntas de Defensa, y como el gobierno contestase con una negativa, los reunidos el día 5 convocaron para celebrar una asamblea en Barcelona a todos los diputados y senadores que estuvieran de acuerdo con el criterio por ellos mantenido.

Este asunto fue tratado en el Comité del Partido Socialista, acordándose que Iglesias asistiese a la asamblea. Planteóse con tal motivo el problema de si, en caso de llegarse al nombramiento de un gobierno provisional, debían o no los socialistas aceptar un puesto en él. El voto fue afirmativo, mas no unánime, porque Virginia González y Julián Besteiro opinaron lo contrario.

Y la asamblea, prohibida por el gobierno y declarada facciosa, se efectuó el día 19 de julio en local digno de ella, que facilitara el ayuntamiento.

Francisco Cambó, Melquíades Álvarez, Hermenegildo Giner, Felipe Rodés, Alejandro Lerroux, José Roig y Bergadá, José Zulueta y Pablo Iglesias fueron los encargados de concretar, en un acuerdo, el sentir general.

Este acuerdo, como es sabido, considera indispensable la convocatoria de Cortes Constituyentes. Iglesias, en la comisión y en la Asamblea, habló para llevar a uno de los apartados del acuerdo conceptos que determinaran bien su carácter democrático y aun revolucionario; y asimismo que no se podría resolver problema nacional alguno si previamente no se cambiaba por el republicano el régimen monárquico. El apartado a que nos referimos es el siguiente, y lo subrayado es el concepto añadido por Iglesias:

> Para que el país pueda manifestar libremente su opinión y el pueblo no vea cerrada toda su esperanza de que su voluntad sea conocida y respetada, las Cortes constituyentes no pueden ser convocadas por un gobierno de partido, que fatalmente seguiría los habituales procedimientos de adulteración del sufragio, *sino por un gobierno que encarne y represente la voluntad soberana del país.*

Los sesenta y ocho representantes que acudieron a la Asamblea se distribuyeron en tres comisiones para el estudio de los problemas: "Reforma constitucional y autonomía municipal; problemas referentes a la defensa nacional, a la enseñanza y a la administración de justicia, y problemas económicos y sociales que la situación plantea con mayor urgencia". Para esta última comisión fue elegido Iglesias.

Se trabajaba en preparar la huelga general, y primero el manifiesto de la Junta del Arma de Infantería y ahora la Asamblea despertaron grandes impaciencias. En Barcelona, la Confederación quería ir inmediatamente al movimiento, logrando Iglesias de los elementos que estaban al frente de ella sólo un aplazamiento de cuatro días. Una visita inmediata de Largo Caballero les convenció de la necesidad de esperar.

Pero no se pudo contener a todos, y la huelga estalló en Valencia el mismo día 19 de julio, en que se celebraba la Asamblea de Parlamentarios.[1]

Quedó aislado este movimiento; pero las consecuencias de él fueron desastrosas. Como habían tomado parte en la huelga los ferroviarios de la región, la compañía aprovechó la coyuntura para despedir a los más significados.

Fracasada la intervención de la primera autoridad de la provincia para que la compañía admitiera a los despedidos, el Sindicato de Ferroviarios del Norte resolvió ir a la huelga, pidiendo la reposición de los despedidos, y el 2 de agosto se notificó el acuerdo a las autoridades, en cumplimiento de la ley.

Aquello suponía el malogro del movimiento general, aún no suficientemente preparado, y había que impedirlo, y así, la comisión ejecutiva de los ferroviarios —en la que estaba Daniel Anguiano— se apresuró a acudir a una entrevista pedida por el señor vizconde de Eza, ministro de Fomento, quien encontró justas, razonables y hacederas las peticiones de reposición de los despedidos formuladas por los comisionados. El ministro "no estaba dispuesto ni aun a oír hablar de represalias".

Era preciso retirar las notificaciones de huelga, y se retiraron, no sin titubeos; mas cuando los comisionados visitaron al ministro nuevamente para darle la noticia, el señor vizconde de Eza había cambiado totalmente de criterio; ahora lo hecho por la compañía estaba dentro de sus facultades; podía despedir agentes y obreros sin justificar los motivos que para ello tuviera, y además, "a él le parecía bien esa facultad".

Digamos que en los días que mediaron de la primera a la última entrevista hubo reunión de ministros en Consejo.

Como sabemos, presidía el gobierno Dato, y era alma de él el ministro de la Gobernación, Sánchez Guerra, que estaba enterado de la preparación del movimiento, y que cumplía con su deber sacando a la monarquía de aquel mal trance, aunque apelase a medios execrables que le hicieran odioso. Resolviendo el conflicto de los despedidos en Valencia, se daba tiempo a la preparación de la huelga general —principalmente distribución de *elementos de defensa*—; mientras que, exacerbando a los que reclamaban contra la iniquidad, se lanzaba a la huelga inmediata a los ferroviarios, con lo que o se precipitaba el movimiento o se dividía a los elementos que en él habían de tomar parte. El vizconde de Eza tenía, pues, que rectificar, y rectificó hasta sin sonrojarse.

Los Comités del Partido y de la Unión tuvieron que considerar el problema que les planteaba la posible huelga de ferroviarios y no olvidar la impaciencia de los elementos de la Confederación, y, sin perder tiempo, se discutió y se acordó.

Desde su regreso de Barcelona en fines de julio Iglesias había tenido que guardar cama, enfermo de gravedad, porque, no estando aún curado, trabajó cual si estuviera sano; no obstante, estaba enterado de cuanto ocurría y tenía formada opinión. Los comités resolvieron ir a la huelga pacífica para la transformación del régimen; consultado Iglesias, manifestó su criterio y emitió su voto adverso a la huelga con finalidad revolucionaria, y favorable sólo a una demostración de solidaridad con los ferroviarios.

Prevaleció el criterio contrario, se nombró para el comité de huelga a Julián Besteiro y Andrés Saborit, por el Partido Socialista, y Francisco Largo Caballero y Daniel Anguiano, por la Unión General; se nombraron más comités que reemplazaran a éste si llegaba a faltar; se escribieron y remitieron a las señas previamente convenidas las instrucciones para la huelga; se redactó un manifiesto, firmándolo sólo el comité, y se dio la orden del movimiento para el lunes 13 de agosto, insertando en *El Socialista* y también en *El País* un trabajo firmado por Besteiro con la contraseña convenida, que esra ésta: "Cosas veredes...".

Como había unos aliados representados por Melquíades Álvarez y Lerroux, con la anticipación debida hablaron con el primero Caballero y Besteiro, y como no fue posible ver al segundo se le notificó por carta, enviada por conducto seguro, lo acordado. A los dos se les pedía la incorporación de sus representados a la lucha.

Llegaron a sus destinos los periódicos, el manifiesto y las instrucciones, y antes de que estallara la huelga ya se había declarado el estado de guerra.

El movimiento tuvo extraordinaria importancia, pero fallaron los ferroviarios, porque no secundaron la huelga sino el Sindicato de Andaluces, el de Orense a Vigo y los del Norte, singularmente los domiciliados en Asturias.

El movimiento para cambiar el régimen debería de ser pacífico, procurando extenderlo, y no se daría por terminado hasta que lo ordenase el comité de huelga.

Si en algún momento el gobierno sintió inquietud por lo que pudiera hacer el ejército, bien pronto salió de dudas: se reprimio en general con dureza; se maltrató a multitudes inermes y pacíficas; se cazó a los hombres en las montañas de Asturias, en Bilbao señaladamente, por un oficial a quien sus compañeros hicieron el vacío, y en la prisión celular de Madrid, obedeciendo órdenes telefónicas del capitán general; sin el más leve vestigio, no ya de motivo, sino ni aun de pretexto, en los Cuatro Caminos se dieron cargas de caballería y se dispararon fusiles y ametralladoras, matando e hiriendo; sufrió un tremendo viacrucis Marcelino Domingo, y se lanzaron y dejaron circular cuantas falsedades pudieran dañar al movimiento y principalmente a la honra y buen nombre de sus directores.

que fueron encarcelados.[2] ¡Qué exigencias tan reñidas con la justicia, la lealtadd, la verdad y aun la propia estimación tiene "la razón de Estado"!

Detenidos o escondidos los hombres algo significados en la organización, a casa de Iglesias —que además estaba bien vigilada— llegaban pocas y muy confusas noticias. El 14 se supo la de haber sido preso el comité de huelga, la injustificada agresión de las tropas a los ciudadanos en los Cuatro Caminos y lo que decían la prensa y alguna carta que pudo llegar por conducto indirecto. Y nuestro héroe padecía el tormento indecible de estar sujeto al lecho por la enfermedad y de imaginar lo más malo, sin que él pudiera remediar ni atenuar daños.

En estas circunstancias recibió la visita del doctor Luis Simarro, gran amigo suyo y presidente de la Liga de los Derechos del Hombre, que iba a intentar una gestión de paz. Se trataba de parlamentar con el gobierno por mediación de un hombre caballeroso, gran amigo de Iglesias, del doctor Simarro, y muy íntimo del presidente del Consejo, a fin de llegar a una especie de armisticio. Iglesias creyó que debía contar con el doctor Vera y dictó a su entenado Meliá carta larguísima, escrita al amigo tanto como al correligionario, acompañando la respuesta que daba al doctor Simarro; pero o la gestión no llegó a realizarse o el gobierno no accedió a nada, por tener dominada la situación.

Preocupaban también a Iglesias los presos y los perseguidos, y tampoco podía hacer nada por ellos, ni siquiera descargar totalmente el cometido en el doctor Vera por estar éste ciego. Llamó a Roberto Castrovido en la mañana del día 15, y juntos éste, Vera y su yerno —que era su lazarillo—, Iglesias, penosamente, por su enfermedad, por su estado espiritual y por llevar dos noches terribles sin dormir, manifestó su deseo. Aceptaron el encargo los congregados, que realizaron bien pronto. "En aquella entrevista —nos dice Castrovido— Iglesias se mostró abatido por el desmoronamiento de las asociaciones e indignado contra ciertos procederes. 'Ya hablaré si conservo la vida', decía. Al salir de la casa oí tiros y gritos —termina el señor Castrovido—: era lo de la cárcel."

Estuvo Iglesias en cama mucho tiempo y no pudo salir de su casa hasta final de octubre, así que no tomó parte en la segunda asamblea de parlamentarios celebrada en el Ateneo de Madrid, pero desde la cama o desde su sillón de enfermo atendió a que fueran socorridos los presos y al cuidado de la organización en Madrid y en toda España.

Padecieron algún quebranto los núcleos, pero mucho menor del que pudiera imaginar el más optimista, y aun este quebranto se trocó en adhesión y simpatía cuando se conoció la sentencia del consejo de guerra castigando a cadena perpetua al comité de huelga y a penas menores, pero también duras, a los obreros gráficos que habían intervenido en la impresión de una hoja.

Se alzó la opinión por la amnistía, se celebraron manifestaciones; en las elecciones municipales del mismo noviembre del 17 se eligió concejales a los cuatro miembros del comité de huelga, que en las elecciones generales de febrero de 1918 fueron elevados al cargo de diputado: por Madrid, Besteiro; por Barcelona, Largo Caballero; por Valencia, Daniel Anguiano, y por Asturias, Saborit. Bilbao envió a Indalecio Prieto, que había podido escapar a Francia en agosto del 17.

Iglesias volvió al periódico —cuya publicación estuvo suspendida dos meses por orden de la autoridad—, pudiendo comentar algo de la caída del poder de Dato en diciembre, la de García Prieto en marzo de 1918 y el ad enimiento de un gobierno nacional presidido por Maura. De todo era "el régimen" el principal causante, y también los gobernantes que sufrieron la vergüenza de consentir el veto o la imposición de las Juntas de Defensa militares, sin tener arrestos más que para disolver las de sargentos y brigadas.

En mayo de 1918 se liquidó a medias [3] en el Congreso el asunto de la represión de la huelga general de agosto, hablando en lenguaje crudo los cinco nuevos diputados socialistas y también Marcelino Domingo y Barriobero, diputado a Cortes por la provincia de Huelva. Iglesias podía dedicar más tiempo al cuidado de su salud y a prolongar su vida, porque el Partido Socialista estaba representado en el Congreso.

En el verano de 1918 volvió Iglesias a necesitar descanso y estuvo una temporada en las inmediaciones de Valencia. En noviembre del mismo año celebraron congreso la Unión General y el Partido Socialista; no pudo asistir a ellos Iglesias, que recibió en su habitación de trabajo y de enfermo a las sendas comisiones encargadas se saludarle.

En este período fue como un rayo de alegría el triunfo de la revolución social en Rusia, suceso que Iglesias vio con júbilo.

Y cuando en diciembre de 1919 se reunía un congreso extraordinario para tratar del ingreso del partido en la Internacional, Iglesias estaba enfermo de gravedad suma, con una pulmonía, salvándole la ciencia del doctor Huertas, los cuidados de su compañera y su naturaleza.

NOTAS

1. En uno de los acuerdos votados por el Congreso Nacional del Partido Socialista celebrado en Madrid en noviembre de 1918 consta el siguiente párrafo: "Que todos los elementos que quieran aportar su concurso a la orga-

nización de movimientos revolucionarios se sujeten a la más estrecha disciplina para evitar actuaciones prematuras que pudieran conducir a *situaciones astutamente preparadas por el enemigo para abortar el movimiento*".

2. El 7 de septiembre la Junta Superior de Defensa considera que debía salir al paso a cuantos cargaban exclusivamente sobre los militares la responsabilidad de lo excesivo de la represión. "Conviene al ejército —dice en un escrito— evitar que las habilidades políticas echen sobre él exclusivamente la responsabilidad de la represión y sus consecuencias, y que por generalización de concepto se pretenda poner al ejército frente al pueblo, vertiendo especies que le induzcan a creer que el ejército es principalmente quien sostiene el estado de guerra y quien exige escarmientos más próximos a la cruel venganza —tan ajena a su espíritu— que a la ecuánime justicia, propia del carácter generoso de los que son fuertes y lo saben."

3. Contestando a Saborit el día 24 de mayo, Dato dijo: "Y es hora de que terminen estas leyendas de crueldad. (*Saborit*: No son leyendas.) Sí, van a terminar, porque se va a abrir una información. (*Varios diputados republicanos y socialistas*: ¡Ah!) (*Presidente del Consejo*: ¿Pero lo habéis dudado? ¡No faltaba más! *Grandes aplausos.*) (*Prieto*: ¡Como no habéis dicho nada hasta hoy!) Y espero que vosotros no os escudaréis afirmando que eran referencias que no habéis podido depurar, porque cuando se traen aquí hechos de esa índole se deben traer bajo la responsabilidad del que los expone". (La información ni aun se intentó.)

CAPÍTULO 13

AÑOS DE TRISTEZA Y DE DOLOR. EL FIN DE UNA VIDA FECUNDA. EXEQUIAS DE HÉROE

Celebró el Partido Socialista congresos extraordinarios en diciembre de 1919 —en éste se acordó deshacer por dañosa la alianza con los antimonárquicos—, en junio de 1920 y en abril de 1921 para tratar casi exclusivamente de la Internacional, mejor dicho, par resolver en cuál de los organismos de unión de los partidos socialistas de cada nación debería inscribirse el español.

La Revolución rusa había llenado de júbilo a los socialistas —repetimos—, y claro es que a Iglesias, júbilo que desbordaba en las manifestaciones de 1.º de mayo con aclamaciones y carteles y que llevaba hasta organizar actos concurridísimos de adhesión.

Pero el Partido Socialista español formaba parte de la deshecha y desacreditadísima Segunda Internacional, y cuando restos puros de ella convocaron para un congreso en Berna el mes de febrero de 1919, España estuvo en él y votó por una moción que tendía a rehacer la Internacional en un congreso que se celebraría en Ginebra y al que se procuraría llevar la Tercera Internacional fundada en Moscovia.

El congreso extraordinario debía acordar si se asistía a este congreso o bien si el Partido Socialista español entraba desde luego en la Tercera Internacional. Hubo pasión en los debates, que terminaron en favor de la asistencia a Ginebra por 14.010 votos contra 12.497.

Pero meses después —junio de 1920— se reunía otro congreso extraordinario para ratificar el acuerdo de ir a Ginebra, o, desde luego, ingresar en la Tercera Internacional. La discusión fue también empeñada y apasionada, y 8.269 votos contra 5.016 y 1.615 abstenciones decidieron el ingreso en la Internacional moscovita.

Iglesias opinaba por la asistencia a Ginebra, y escribió al congreso una carta de saludo, esperando que en los debates "resplandeciesen la serenidad y la elevación de ideas".

Para modificar el acuerdo y aun para determinar las condiciones en que el partido entraba en la Tercera Internacional, el congreso designó a Fernando de los Ríos y Daniel Anguiano, que habían votado el primero en contra y el segundo en pro del ingreso inmediato.

Y cuando los comisionados llegaron a Rusia se encontraron con que el congreso de la Tercera Internacional, celebrado muy poco antes, había establecido veintiuna condiciones para la admisión de partidos nacionales, condiciones que debían ser aceptadas tal como estaban, sin modificaciones, pactos ni atenuaciones. Son las condiciones —y así debían de ser— esencialmente dictatoriales y de combate, implacables con las tibiezas. "La lucha de clases —dice una de ellas— entra en el período de guerra civil." "Los comunistas no se deben fiar de la legalidad burguesa, y paralelamente a la organización legal están obligados a fundar una clandestina." "Los partidos serán centralizados y sometidos a una disciplina férrea, otorgando a sus organismos centrales poderes más extensos." "Los adheridos que rechacen las tesis y condiciones establecidas por la Internacional comunista deberán ser excluidos [...]."

Iglesias era demócrata, lo eran muchos socialistas, así que las condiciones fueron discutidísimas, y para aprobarlas o rechazarlas se convocó a otro congreso extraordinario para abril de 1921. Cuando se discutió este asunto en la comisión ejecutiva, reuniéndose ésta en casa de Iglesias, enfermo a la sazón, la mayoría votó admitiendo las veintiuna condiciones y la minoría lo hizo en contra, y en ésta estaba Iglesias. Los comisionados pensaban de modo distinto: Fernando de los Ríos, contra el ingreso; Anguiano, en pro de él.

(Digamos que en el mes de febrero del mismo año 1921 se había comenzado a organizar una Unión Internacional de Partidos Socialistas que trataba de reconstruir el organismo con criterio amplio.)

Se celebró el congreso, no asistiendo a él Iglesias, que envió una carta expresando categóricamente su sentir, después de lamentar vivamente que su estado de salud le impidiera tomar parte en las deliberaciones.

> Creo que la propuesta de Fernando de los Ríos, tanto por hacer posible que todos marchemos juntos cuanto porque se acomoda a lo que demanda la realidad —la cual debemos tener siempre en cuenta— permite mejor que ninguna otra solución servir los intereses del proletariado y acrecer el poder del socialismo.
>
> Por eso opino que votar por ella es realizar una obra de acierto, como opino que votar por las veintiuna condiciones es cometer un gran yerro, que produciría inmediatamente la escisión en nuestro campo.
>
> Compañeros: Fijaos en las circunstancias políticas, económicas y sociales por que atraviesa nuestro país, observad la alegría con que los enemigos del socialismo esperan el desgarramiento de nuestro partido, y dando una

muestra de elevado sentido haced que esa alegría se trueque en tristeza.

Fueron las discusiones aún más apasionadas que en los congresos anteriores, y se llegó a la votación, que dio por resultado 8.808 sufragios por el ingreso del partido en el organismo que se estaba creando y 6.025 por la aceptación de las veintiuna condiciones.

Treinta delegados se separaron del partido para crear el Comunista, alegando la imposibilidad de vivir en una unidad ficticia; treinta delegados y seis miembros de la comisión ejecutiva del Comité.

¡Ay! Entre los que se separaban estaba García Quejido, el gran organizador, el hombre que en mayo de 1878 extendió el acta de constitución del partido que firmó Iglesias; estaba Facundo Perezuaga, el fundador del socialismo en Vizcaya, el no igualado hombre de acción; estaba Isidoro Acevedo, siempre perseguido y hombre de los tiempos heroicos; estaba Daniel Anguiano...; seguramente fue aquel trance el más doloroso, el más amargo de toda la vida de Iglesias.

Terminado el congreso y reunida la comisión ejecutiva en casa de Iglesias, se suscribió un manifiesto haciendo resaltar que no había motivo para la escisión, porque los partidarios de la Tercera Internacional pudieron seguir en el partido trabajando por sus ideales. El documento termina con vivas al Partido Socialista español, a la Internacional y a la Revolución rusa, y está firmado por Iglesias y sus compañeros. He aquí un párrafo de él:

> No estamos conformes con las condiciones que impone la Tercera Internacional de Moscú; pero afirmamos hoy, como lo hicimos desde el primer día de la Revolu-

ción rusa, que estamos, sí, plenamente identificados con aquella revolución. Con ella principia la era del desmoronamiento capitalista y la de las realizaciones socialistas; por ella, por su esfuerzo y gracias a su sacrificio, los demás pueblos recogerán beneficios que se han de traducir en una renovación de sus instituciones sociales. Con la Revolución rusa estamos, y a nuestro partido le decimos, como siempre, que nos consideramos obligados a su defensa. Pero la historia dirá si no hay un principio de error —muy disculpable en la noble impaciencia del partido que está hoy al frente de la Revolución rusa— al deformar la espontaneidad del movimiento de adhesión de todos los proletarios, presentándoles como signo externo de adhesión a aquel movimiento el acatamiento a una teoría y táctica concreta que, representada por las tesis y condiciones, puede ser incluso un obstáculo para el ejercicio de la obligada solidaridad con dicho movimiento.

Como ocurre siempre en estos casos, a la separación siguió el odio recíproco, que llegó a extremos de que en el congreso de la Unión General de 1922 cayera muerto de bala un hombre y hubiera tres heridos graves de arma blanca, todos ellos afectos al Partido Socialista.

De que la identificación de Iglesias con la Revolución rusa era real certifica el hecho de que hasta los últimos días de su vida siguiera con atención todos los sucesos de Rusia, incluso adquiriendo libros e informes publicados fuera de España.

Cuando a comienzos del siglo surgió el sindicalismo, anteponiendo a toda otra la acción directa, Iglesias preconizó la superioridad de la acción política; cuando aparecieron en Cataluña los Sindicatos Únicos, Iglesias repudió una vez más las violencias, los exclusivismos y los procedimientos antidemocráticos. El congreso celebrado por estos elementos en el teatro de la Comedia de Madrid a fines de 1919, no le hizo rectificar cuando semanas después pudo leer lo ocurrido en él, enterándose de que habían asistido al congreso 407 delegados representantes de unos 720.000 obreros. Y no le produjo otra sensación que una sonrisa el acuerdo de absorber a los federados en la Unión General, declarando amarillos a cuantos no ingresaran en la Confederación reunida en el congreso. El sindicato Único y la Confederación del Trabajo no eran sino encarnaciones del anarquismo.

En Barcelona había movimientos obreros revueltos, huelgas y también *lock-outs*, interviniendo la violencia y llenándose las cárceles de trabajadores. Frente al Sindicato Único surgió el Sindicato Libre, y entonces las bandas de pistoleros se enseñorearon de la noble ciudad. ¡A fines de enero de 1921 hubo veintiún muertos en treinta y seis horas! Y como el gobierno no reprimía la caza de los hombres considerables del sindicalismo, quizá porque no podía, el presidente del Consejo, Dato, fue asesinado en marzo de 1921.

El Socialista condenó el hecho:

> La violencia, por sí sola, no resolvió nunca nada; es cosa adjetiva. En España es esencialmente reaccionaria, lo mismo si la ejercen los gobiernos que si la practica el anarquismo. La fórmula salvadora es libertad y justicia. No hay otra.

Se planteó en las Cortes por Indalecio Prieto este asunto del terrorismo, y para tratar de él se reunieron en casa de Iglesias —junio de 1921— las comisiones ejecutivas de la Unión y del Partido. Las dos entidades se hicieron solidarias de la protesta del valeroso diputado socialista y resolvieron pedir el restablecimiento de las garantías constitucionales, celebrando reuniones para hacer presión.

Pocos días después hubo nueva reunión de las dos comisiones, también en casa de Iglesias, para redactar y suscribir un llamamiento al país ante el temor —fundadísimo por desgracia— de que compañeros presos en Barcelona y en Madrid fuesen trasladados para aplicárseles la ley de fugas.

Se requería a todas las fuerzas políticas para que no se dejasen "envilecer civilmente más viendo cómo para satisfacer ansias de venganza se escogen en calidad de rehenes a hombres de una determinada significación ideal".[1]

> Mas, entretanto, formulemos ante la clase trabajadora y el país nuestra protesta viva y angustiosa, aún más ardua y desesperadamente que lo hizo la representación del Partido Socialista en las Cortes, porque en estos días se fraguan maquinaciones siniestras en Barcelona y Mahón contra hombres a quienes ahora se guarda en los calabozos, sí, pero a los que se nos asegura se les echará para que puedan caer bajo la acción de la banda de pistoleros irresponsables.

Atendió entonces el gobierno lo concreto de la protesta, mas el terrorismo siguió y también la campaña de los socialistas, [2] que en octubre de 1922 rindieron el homenaje de su aprobación al gesto viril de Sánchez Guerra destituyendo secamente por telégrafo a Martínez Anido y Arlegui.

La noticia del desastre de Annual y de la catástrofe de la comandancia de Melilla la supo Iglesias en Asturias. Estaba allí descansando, tratando de recobrar fuerzas, pero sin conseguirlo.

Vuelto a Madrid en octubre, siguió forzosamente recluido en sus habitaciones, interviniendo en la política sólo con algún que otro artículo, y en los trances de suma consideración, cuando los Comités del Partido o de la Unión estimaban necesario la intervención de Iglesias en las deliberaciones, con la opinión y el voto.

Como miembro de la minoría socialista parlamentaria el último documento que suscribió fue el voto particular de Indalecio Prieto en lo relativo a responsabilidades por el desastre de Annual.

De tal modo estaba ya quebrantado que no pudo asistir a la formidable manifestación organizada por el Ateneo de Madrid en demanda de justicia.

Escribía, sí, y duro y apuntando siempre arriba. De aquellos días de clamoreo indignado es el siguiente trabajo, titulado "¡Qué balance!"

> He aquí el que arroja hasta hoy la loca aventura de Marruecos:
>
> En la esfera militar, no obstante haberse dispuesto hasta de 160.000 hombres y un buen golpe de millones para combatir a los hijos de aquel territorio, una serie de fracasos, que culmina con el tremendo desastre de Annual.
>
> En el terreno de la civilización y del progreso, la violación de muchas moras y un número de desfalcos y latrocinios capaces de enrojecer a las estatuas.
>
> En el orden de la diplomacia y la diligencia, la tardanza de dieciocho meses en rescatar a los prisioneros concentrados en Axdir, tardanza que ha hecho perder la vida a la mitad de ellos.
>
> En el campo del poder y la influencia, la entrega de 70 moros prisioneros a los marroquíes sin que hayan abonado un solo céntimo por los mismos, y el rescate de 326

prisioneros españoles pagando por cada uno de ellos más de 13.000 pesetas.

En cuanto a utilidad para los intereses de España, la pérdida de muchos miles de hombres jóvenes y el gasto estéril de varios miles de millones de pesetas.

Esto es: que hasta la fecha representa para nuestro país la campaña de Marruecos una fosa donde se han sepultado miles y miles de vidas españolas, enterrado cuantiosos caudales extraídos de los habitantes que se revientan trabajando en la península y hundido el crédito de la misma.

¡Y decir que el principal culpable de esta inmensa desdicha sigue disfrutando extraordinarias prerrogativas, fingiendo interés y cariño a las mismas víctimas que ha ocasionado y mofándose con sus falsas manifestaciones de aprecio de cuanto noble y digno se hace en esta tierra!

¿Le exigirá algún día el pueblo español la responsabilidad que ha contraído?

Se llenaría de oprobio si no lo hiciera.

Cuando se produjo el golpe de Estado en septiembre de 1923 Iglesias estaba enfermo en cama, de la que no pudo levantarse hasta algo entrado octubre.

Firmó el manifiesto del Partido y de la Unión General a las secciones y grupos llamando a una campaña empeñada y tenaz contra la guerra de Marruecos (6 de septiembre de 1923); firmó el manifiesto contra la Dictadura (13 de septiembre) y dando normas de conducta a las organizaciones, y suscribió con sus compañeros de minoría la famosa carta al presidente del Congreso, Melquíades Álvarez.

Habiendo tenido lugar hechos políticos de gravedad extrema, hechos que a los efectos constitucionales quedan clara y suficientemente subrayados con sólo destacar, primero, el acto personal de la realeza invistiendo los plenos poderes a un general, y, segundo, la utilización que de ellos ha hecho al punto el investido para suspender por una orden circular las garantías constitucionales, esta minoría socialista parlamentaria cree que es en ella un deber inexcusable dirigirse a usted a fin de saber si, como autoridad que perdura de un régimen constitucional agonizante, no considera a su vez que, por razón de su cargo y significión personal, debe tomar alguna iniciativa encaminada a defender, frente a conculcadores de toda alcurnia y rango, un nuevo régimen civil de libertades efectivas.

¡Ay!, desde luego pensó Iglesias que la nueva situación duraría mucho, porque tanto como de impedir la discusión de las responsabilidades se trataba de un intento de poder absoluto, ya sin recato, y así lo manifestó a sus amigos.

Y en octubre, cuando se levantó y pudo acercarse a la mesa para trabajar, escribió unas cuantas líneas que dicen en síntesis: "Quizá tengamos que soportar este régimen mucho tiempo; ocupémoslo en trabajar por los ideales, en defenderlos, en hacer que arraiguen, en que sean acogidos con plena conciencia". Y con el título genérico de *Exhortaciones* escribió poco a poco, con grande esfuerzo, pero también con claridad, consejos y requerimientos a todos, señalando el camino del deber.[3]

Cuando escribía uno dedicado "A los trabajadores de la Casa del Pueblo de Madrid", llegó la muerte y no se lo dejó concluir. La última palabra de él es *España*...

Achacoso siempre, y más desde la pulmonía padecida a fines de 1919 —cuando ya había cumplido sesenta y nueve años—, Iglesias quedó quebrantadísimo, y sólo su voluntad pudo realizar el milagro de vivir otros seis años, trabajando por sus ideales hasta el último día.

El año 1920 estuvo el Fitero, la Aliseda y Valencia buscando alivio a sus dolencias y también a las de su esposa. El año 1921 estuvo en Asturias, como sabemos; pero ya no volvió a salir más de Madrid, y desde 1922 puede decirse que ni de su casa, salvo días muy contados en que un viejo.amigo le hacía pasear por Rosales, frente al bellísimo panorama encanto de los ojos y del ánimo.

No salía de casa, no podía salir; pero también había que cuidar mucho de no prodigar las audiencias de amigos, y más aún se debía evitar las discusiones, así fueran amistosas. Esto lo sabían bien todos y no abusaban, y lo mismo ocurría con los colegas de Iglesias en las comisiones ejecutivas de los Comités Nacionales.[4]

En estos años Iglesias no dejaba de escribir a los amigos, pero cada vez menos; y también escribía poco para el periódico y no podía atender más que a dos colaboraciones, *El Liberal*, de Bilbao, y *La Libertad*, de Madrid. Escribía fatigado, poco a poco, descansando, meditando. Y leía sin tregua; leía diarios, revistas, y también libros, éstos con ansia de hambre atrasada, como si quisiera desquitarse en días de la forzosa abstinencia a que la perentoriedad del trabajo le tuvo sometido durante muchos años.

En su mesa quedaron ya leídos y meditados libros tan dispares como el primer volumen de las *Memorias* del conde de Romanones y *La decadencia de Occidente* de Spengler, y quedaron otros a medio leer.

Recibía visitas en su cuarto de trabajo, humilde, lleno de luz y de silencio, con sillas y estantes cubiertos de libros y papeles, y algunas veces recibía las visitas en su dormitorio, otro cuartito modesto, claro, y también con muebles rebosando periódicos y papeles.

Un visitante de alta categoría espiritual y literaria nos va a decir, emocionado, cómo eran estas visitas: [5]

El recibimiento de las visitas es siempre el mismo. Si os conoce de antiguo, si le lleváis una añoranza fuerte, tratará de incorporarse para abrazaros. No podrá. Renunciará con un imperceptible gesto de contrariedad. Como compensación os tenderá las manos y palmeará dulce, suavemente, la vuestra. Si sois algo más que un amigo, si sois muchos amigos en uno solo, un joven amigo que recuerde viejas amistades, afectos desaparecidos, entonces no se limitará a eso. Os echará los brazos, os hará inclinar la cabeza y os besará reiteradamente, en tanto que vosotros —¿cómo evitarlo?— tratáis de reducir a discreto segundo término unas lágrimas impetuosas. Son vuestro homenaje.

Precipitad vuestras noticias. Cuando tengáis algo grato que comunicarle hacedlo desde el primer momento. Luego será él quien hable. Os sorprenderá su conocimiento, la seguridad con que tiene noticias de los altibajos del movimiento de vuestro pueblo. No equivoca los nombres, ni las fechas, ni los episodios. Su memoria en estos puntos es prodigiosa. Su conversación deriva inevitablemente hacia ellos. Le agrada recordar. Insinúa todos los matices, termina con facilidad su discurso sin enredarse en los varios incisos que abre en él y mucho menos en las fechas. Su palabra es segura. Lo que os angustia son las interrupciones que la enfermedad le impone, el desfallecimiento de la voz, las contracciones del rostro. Cuando abre una de estas pausas os recordará su enfermadad: *¡Estos gases!*

Luego, expulsados los gases, continuará hablando, hablando. Vuestro deseo, vuestro mejor deseo es escuchar; pero ¿cómo podréis escuchar si tenéis conciencia del perjuicio que vuestra visita acarrea, conciencia de la fatiga que por daros contentamiento se impone? Entonces es cuando, convencidos de que es necesario, pensando en el gobierno de su salud, con temblor en la palabra decís:

—No trabaje tanto; no se fatigue; cuídese...

Vosotros mismos le habéis pedido una carta, le escribís, le consultáis. De lejos, su salud no os parece tan precaria. Vedle aquí entre sus papeles, sus periódicos, cercado de libros y de recuerdos; vedle en su cuarto de trabajo solicitado por las cartas y por los requerimientos que él oye y atiende.

—No me digan que no trabaje. Sería peor. No me digan que no trabaje; estoy mal, pero necesito trabajar.

No os queda otro remedio que apresurar la despedida. Os ponéis en pie. Basta —decís interiormente—. Pero algo extraño a vosotros mismos os retiene algunos momentos más. Últimas noticias. Últimos consejos. Y en un arranque le dáis la mano, acaso un beso, y le decís ¡adiós! ¿Le volveréis a ver? ¿Le oiréis nuevamente? Salís de la visita con una tristeza profunda, quizás en la escalera os sentís sin fuerzas para contener las lágrimas y las dejáis en libertad.

En estos últimos tiempos hubo un momento en que parecían volver los días ya lejanos de las inquietudes materiales. En efecto, desde 1920 a 1921, Iglesias cobraba como diputado a Cortes un subsidio de 500 pesetas mensuales; pero éste quedó suprimido por la Dictadura al disolver el Parlamento.

Dos viejos camaradas de Iglesias, Remigio Cabello, de Valladolid, y Matías Gómez, el colega de la Internacional, el fundador del partido, se dirigieron al Comité Nacional para que se abriera una suscripción permanente y se entregasen a Iglesias cada mes 500 pesetas por el partido y 500 por *El Socialista.*

Se recaudaron inmediatamente fondos más que sobrados, cobrando desde luego Iglesias lo acordado, y siéndole entregado a su viuda un sobrante de más de 15.000 ptas.

El 7 de diciembre de 1925 lleva quince días sin acostarse; se halla tan mal que por la noche pide a su esposa que le meta en la cama; el doctor Huertas hace analizar la orina: ¡no hay esperanza alguna, el fin está cerca!

El día 8 se extraña cuando ve a su hijastro Juanito A. Meliá junto al lecho en horas desusadas. Éste le hace notar, queriendo tranquilizarle, que como el día era festivo, no tenía oficina: "¡Sí, es verdad! Hoy hace años que mi madre..."

Y el día 9, ya de noche, muere. ¡Matías Gómez, el colega de la Internacional, es quien, sollozando, sale a dar la triste noticia!

La Casa del Pueblo cuelga sus ventanas de crespones y enarbola a media asta la bandera roja. El Comité del Partido se hace cargo del cuerpo de su presidente, para embalsamarle y mostrarle a las multitudes durante tres días en el salón bajo de la Casa del Pueblo, convertido en capilla ardiente.

La banderas de las sociedades empavesan bien pronto las desnudas paredes; con las banderas de la Agrupación Socialista y del Arte de Imprimir se forma un dosel, y bajo él se coloca el féretro, que deja ver, tras un vidrio, la nobilísima cabeza del apóstol, de rasgos vigorosos, que la muerte estilizó.

La multitud se apretuja día y noche en filas que se extienden por toda la calle; hombres y mujeres esperan sin impaciencia, callados, el momento de ver por última vez las facciones del "Abuelo"; verlas para saciar una necesidad del sentimiento, no una curiosidad morbosa. En la fila inacabable esperan también prohombres, personajes, uno de ellos Sánchez Guerra, el enemigo encarnizado de 1917, que contempla la cabeza del que fue su adversario, del cajista que en 1881 componía cuartillas suyas en *La Iberia*, y reza una oración...

En este tiempo el salón pequeño se ha ido llenando de coronas y de flores, que vienen a cada momento de todos los rincones de Madrid y de todos los ámbitos de la península, y como allí no caben se van depositando en las secretarías contiguas.

Y llega el domingo 13 de diciembre. Mucho antes de la hora señalada los abanderados de las sociedades se han ido colocando en los sitios previamente indicados para agrupar en torno de la bandera a los afiliados; pero aun así, aun con el orden y la óptima organización habituales de la Casa del Pueblo, una hora antes es imposible llegar a los sitios en que están las banderas guiones de la Agrupación Socialista y del Arte de Imprimir.

A la hora fijada se emprende la marcha al cementerio. Abre paso un piquete de la guardia municipal de a caballo; siguen cuarenta y nueve coches con flores y coronas, entre las que destaca la enviada por la Internacional; detrás, el coche fúnebre; luego la presidencia, y negra y densa muchedumbre, que llena todo el ancho de la calle de Alcalá, que no deja claro alguno, sobre la que flotan al viento, en aquella mañana soleada, sobre doscientas enseñas rojas. Una muchedumbre que marcha recogida, que no deja oír sino un rumor como de río caudaloso y hondo.

Cuando el sol alcanza el meridiano, el carro fúnebre se detiene en las puertas del cementerio civil. Se descarga el féretro y se abre; la multitud se descubre, la multitud toda, porque el movimiento va corriendo de fila en fila hasta la más lejana. Besteiro se coloca junto al vidrio, que deja ver las facciones de Iglesias, alumbradas del sol; se guarda silencio, sin que nadie lo pida, y entonces de los labios y de las entrañas del profesor ilustre, del buen militante, salen unas palabras llenas de emoción viril; una despedida cordial al que volvió al no ser y un canto al porvenir.

Y comienza el desfile. La muchedumbre pasa triste y ordenada ante el cadáver; las banderas rojas se inclinan y van juntándose en haces detrás... Transcurren las horas y aún negrea la multitud en todo lo que se ve de la calzada interminable... El momento es de extraordinaria grandeza, digno de la epopeya.

Son las cuatro bien dadas cuando se traslada el féretro a la sepultura. Los dependientes del cementerio quieren cogerle; Besteiro lo impide: "Perdonad, amigos; hasta el último momento serán manos de camaradas los que muevan estos restos tan queridos, no manos asalariadas".

Y unos compañeros albañiles, con sus paletas bruñidas, las que ellos llevaron, cierran la bovedilla del sepulcro provisional, y manos de compañeros son las que forman sobre la tierra ingente pirámide de flores y de coronas.

La muerte de Iglesias conmovió a España entera, llegando el dolor a los partidos socialistas de todos los países del mundo.

Se rindió el homanaje debido a sus virtudes: Madrid, por iniciativa de Castrovido, dio el nombre del apóstol a la plaza en que estuvo la imprenta del Hospicio, y fueron muchos los ayuntamientos que imitaron al de Madrid.

Y el del Ferrol colocó un bajorrelieve en la casa donde nació Iglesias, invitando al partido y a la viuda al acto inaugural. La inscripción dice así.

> El 18 de octubre de 1850 nació en esta casa don Pablo Iglesias Posse, apóstol y fundador del socialismo en

España. Falleció en Madrid en 9 de diciembre de 1925. En justo homenaje a su vida austera, al temple heroico de su voluntad y la honradez de su conducta, el Ferrol le dedicó este recuerdo en 9 de diciembre de 1927.

En Madrid surgió la idea de encerrar los restos de Iglesias en una tumba digna de él, y fueron dos socialistas militantes —Azorín (arquitecto) y Barral (escultor)— los que dieron cuerpo y forma magnífica al anhelo.

La sociedad madrileña de albañiles "El Trabajo" pensó también en honrar dignamente la memoria de Iglesias y propuso que se reuniera dinero para crear una entidad de educación y cultura obrera y socialista que se llamara Fundación Iglesias, y la idea prosperó, habiéndose recogido sobre 80.000 pesetas. El iniciador de esta idea, Luis Fernández, cayó en la calle no hace mucho muerto al plomo homicida...

Y en abril de 1930, concluida la tumba, se trasladaron a ella los restos de Pablo Iglesias, del *Rubio*, del *Abuelo*, acudiendo amigos de toda España y también de Portugal, de Francia y de Inglaterra, y la nueva demostración fue también de extraordinaria grandeza.

En el cajón de su mesa dejó Iglesias sobres con dinero para *El Socialista* (1.000 pesetas), y como último donativo a suscripciones de solidaridad, algunas para sostener aquí y allá a viejos colegas de los días heroicos, a luchadores inválidos para el trabajo.

Sus libros fueron a enriquecer la biblioteca de la Casa del Pueblo; los papeles y colecciones de periódicos, al archivo del Comité Nacional del Partido, y sus pinzas, su componedor y sus libros de didáctica profesional, a la Escuela de Aprendices Tipógrafos.

Y quedó la obra de la que el apóstol fue el artífice supremo. Quedó sin padecer el menor quebranto, firme, indestructible, sin que por parte alguna asomen la ambición ni la discordia.

Quedó, y aun salió acrecentada más que intacta de los días negros y bochornosos de la Dictadura.

NOTAS

1. Medio año después el general Martínez Anido, entonces gobernador civil de Barcelona —auxiliado como jefe de Polića por el general Arlegui—, declaraba en la prensa: "Tengo el convencimiento de que todos los sectores políticos han colaborado a mi obra, a excepción del grupo socialista, o de sus directores, los cuales han reprobado o censurado mi obra, llegando hasta levantarme calumnias en pleno Parlamento." (*Textual.*)

2. Llevó esta arriesgada campaña en las Cortes Indalecio Prieto, que una tarde recibió en el Congreso la visita de dos individuos de los Sindicatos Libres. En tonos agresivos le pidieron que rectificara incluso conceptos y juicios que no había emitido, llegando a exigirle que en lo futuro se abstuviera de formular denuncia alguna sin previo informe de la Confederación de Sindicatos Únicos.

Prieto contestó digna y cortésmente lo que correspondía; un interlocutor le lanzó una injuria soez; Prieto replicó a bofetones, pugnando por soltarse del otro agresor. Intervinieron algunos hombres, sujetando un ujier a uno de los sindicalistas, que disparó su pistola sobre Prieto, arañándole el rostro y el lóbulo de una oreja.

Fueron detenidos los agresores; causó el suceso agitación extraordinaria en el Congreso y fuera de él; pero no pasó más, salvo que, años después, la Dictadura nombró concejal del ayuntamiento de Madrid al sindicalista que disparó la pistola. Como sabemos, era ministro de la Gobernación Martínez Anido.

3. De cómo eran estas *Exhortaciones* —recogidas en un folleto— da idea esta otra corta, que insertaba con frecuencia el periódico: "Socialista: Ten en cuenta al hacer la propaganda que no has de traer a las filas hombres solamente disgustados de los partidos burgueses, sino que estén convencidos de la bondad de nuestras ideas".

4. De seguro, por esta consideración, no se le pidió a Iglesias parecer cuando la Dictadura dio un puesto en el Consejo de Estado a la representación obrera en el Instituto de Reformas Sociales.

5. Julián Zugazacoitia, *Una vida heroica* (*Pablo Iglesias*).

ÍNDICE

ÍNDICE

69. Julio Le Riverend
Historia económica de Cuba

70. Noam Chomsky
Conocimiento y libertad

71. Joan Fuster
Rebeldes y heterodoxos

72. John K. Galbraith
Desarrollo económico

73. Herbert R. Kohl
Autoritarismo y libertad en la enseñanza

74. Francesc Vallverdú
Ensayos sobre bilingüismo

75. Mario Bunge
Teoría y realidad

76. Gérard Mendel
La descolonización del niño

77. Francisco Tomás y Valiente
La tortura en España

78. Adam Schaff
Ensayos sobre filosofía del lenguaje

79. Salustiano del Campo
Análisis de la población de España

80. Fernando Ortiz
Contrapunteo cubano del tabaco y el azúcar

81. Noam Chomsky
La guerra de Asia

82. José Luis L. Aranguren
Erotismo y liberación de la mujer

83. D. J. S. Price
Hacia una ciencia de la ciencia

84. Rafael Pérez de la Dehesa
Política y sociedad en el primer Unamuno

85. Paul K. Feyerabend
Contra el método

86. Reyna Pastor de Togneri
Conflictos sociales y estancamiento económico en la España medieval

87. Louis Althusser
Montesquieu: la política y la historia

88. Josep Fontana
Cambio económico y actitudes políticas en la España del siglo XIX

89. Luis Díez Picazo
Experiencias jurídicas y teoría del derecho

90. Eric J. Hobsbawm
Rebeldes primitivos

91. Abilio Barbero - Marcelo Vigil
Sobre los orígenes sociales de la Reconquista

92. F. M. Cornford
La filosofía no escrita

93. Carlos Seco Serrano
Tríptico carlista

94. F. L. Ganshof
El feudalismo

95. A. C. Pigou
Introducción a la economía

96. Antonio-Miguel Bernal
La propiedad de la tierra y las luchas agrarias andaluzas

97. John Hinton
Experiencias sobre el morir

98. Miguel Izard
Industrialización y obrerismo

99. E. J. Mishan
Falacias económicas populares

100. Karl Korsch
Karl Marx

101. Bronislaw Malinowski
Magia, ciencia, religión

102. Joan Reglà
Estudios sobre los moriscos

103. Ronald L. Meek
La fisiocracia

104. Juan Vernet
Astrología y astronomía en el Renacimiento

105. M. I. Finley
Aspectos de la Antigüedad

106. Núria Sales
Sobre esclavos, reclutas y mercaderes de quintos

107. Jean Piaget
Problemas de psicología genética

108. Josep Fontana
La quiebra de la monarquía absoluta, 1814-1820

109. Stephan Körner
¿Qué es filosofía?

110. David Cooper
La muerte de la familia

111. Rudi Dutschke y otros
La rebelión de los estudiantes

112. Joan Fuster
El descrédito de la realidad

113. V. I. Lenin
El estado y la revolución

114. Nicolás Sánchez-Albornoz
Jalones en la modernización de España

115. Karl Korsch
¿Qué es la socialización?

116. John K. Galbraith
El crac del 29

117. Juan Pérez de la Riva
Para la historia de las gentes sin historia

118. Eric J. Hobsbawm
Bandidos

119. Joaquim Vergés
La Seguridad Social española y sus cuentas

120. M. Bataillon - A. Saint-Lu
El padre Las Casas y la defensa de los indios

121. Ferdinand Lassalle
¿Qué es una constitución?

122. Jaime Torras
Liberalismo y rebeldía campesina, 1820-1823

123. Werner Heisenberg
La imagen de la naturaleza en la física actual

124. Antonio Mestre
Despotismo e Ilustración en España

Volumen especial:
Raimon
Poemas y canciones